Oeufs de Pâques pour Enfants
Coloriage du lapin de Pâques

Young Scholar

Young Scholar
An imprint of Ciparum LLC

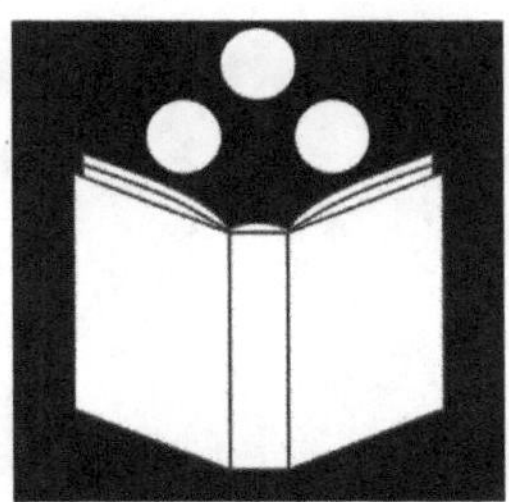

Oeufs de Pâques pour Enfants
Coloriage du lapin de Pâques
© 2017 Ciparum LLC
All rights reserved.
ISBN-10:1-63589-261-9
ISBN-13:978-1-63589-261-1

www.youngscholar.co

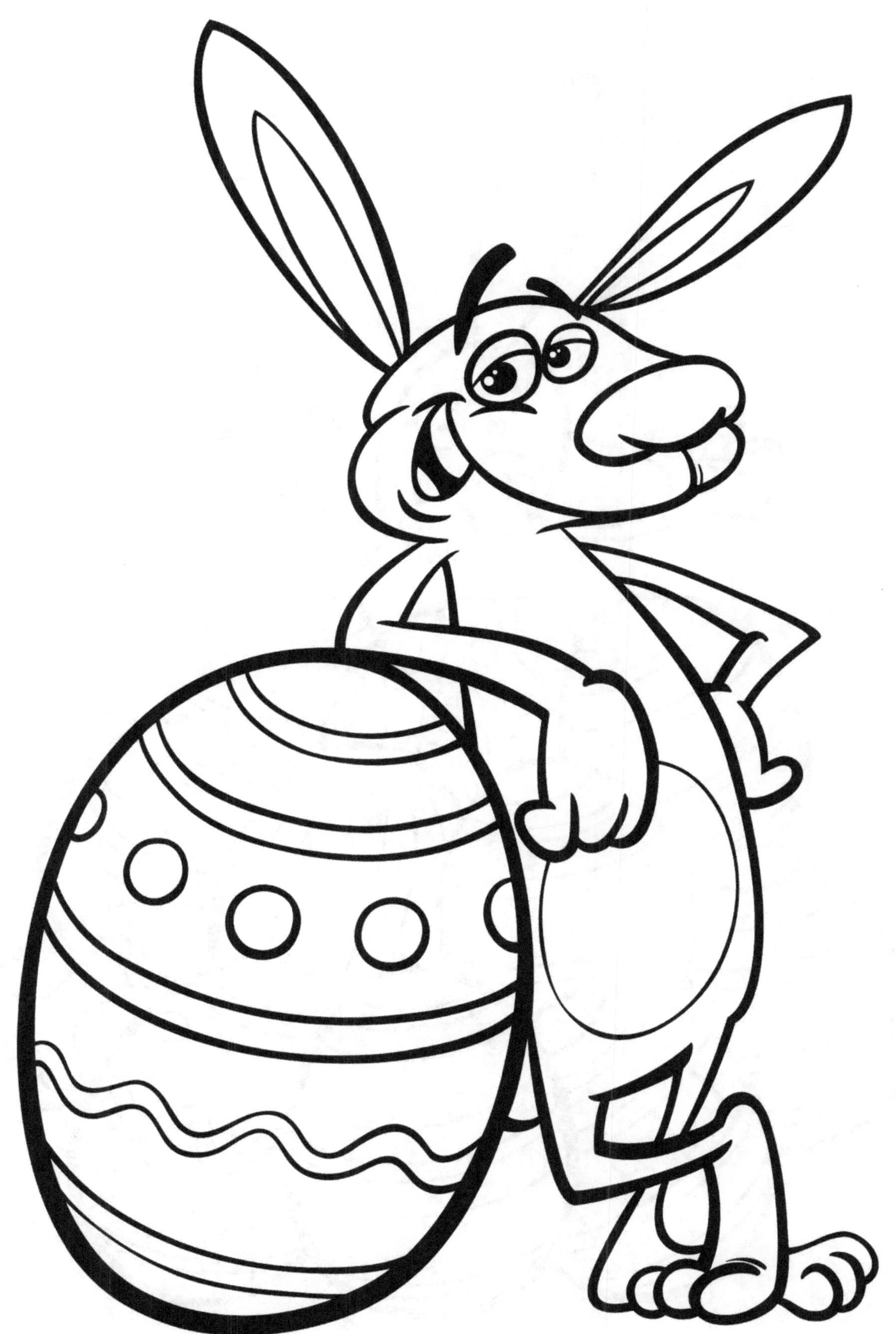

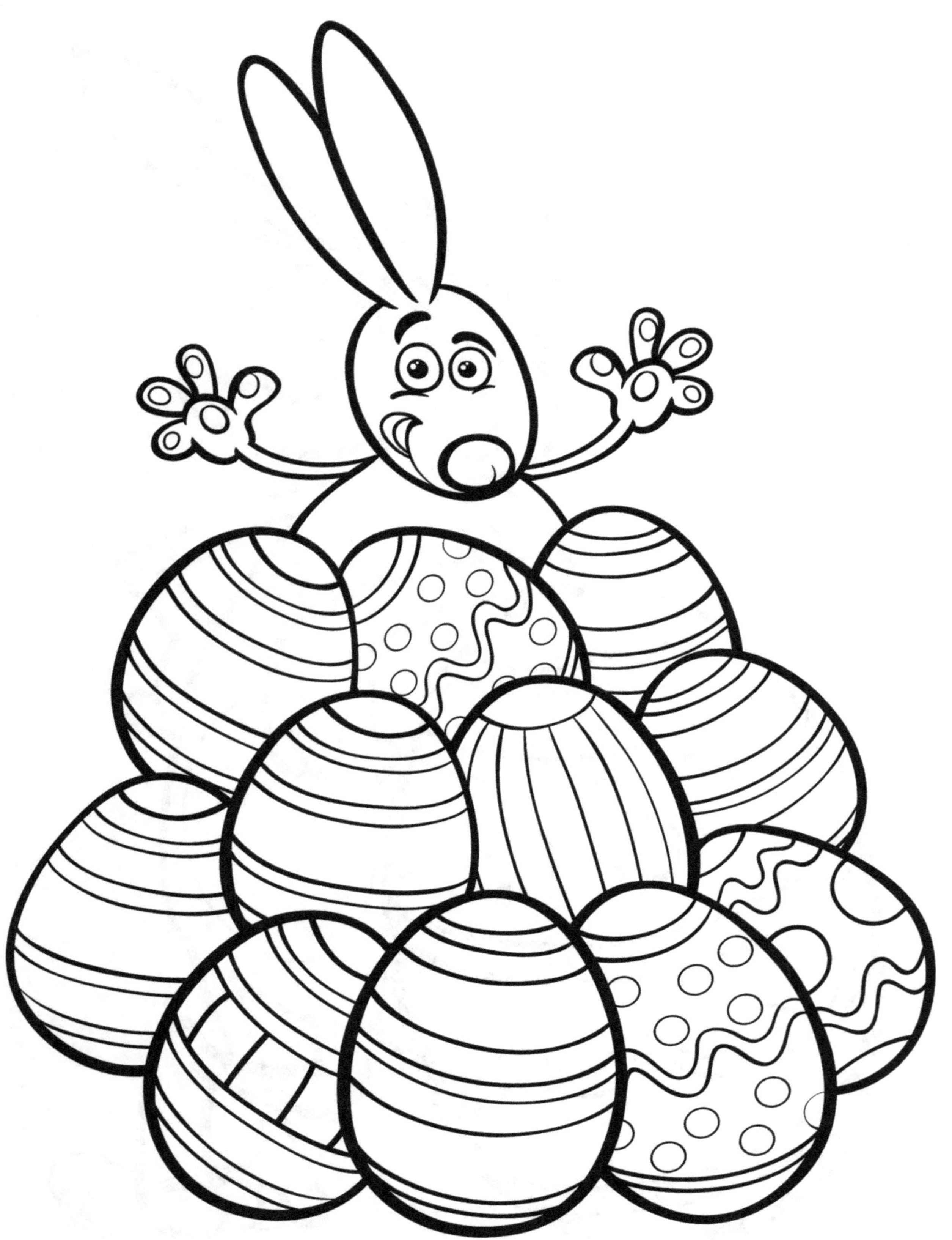

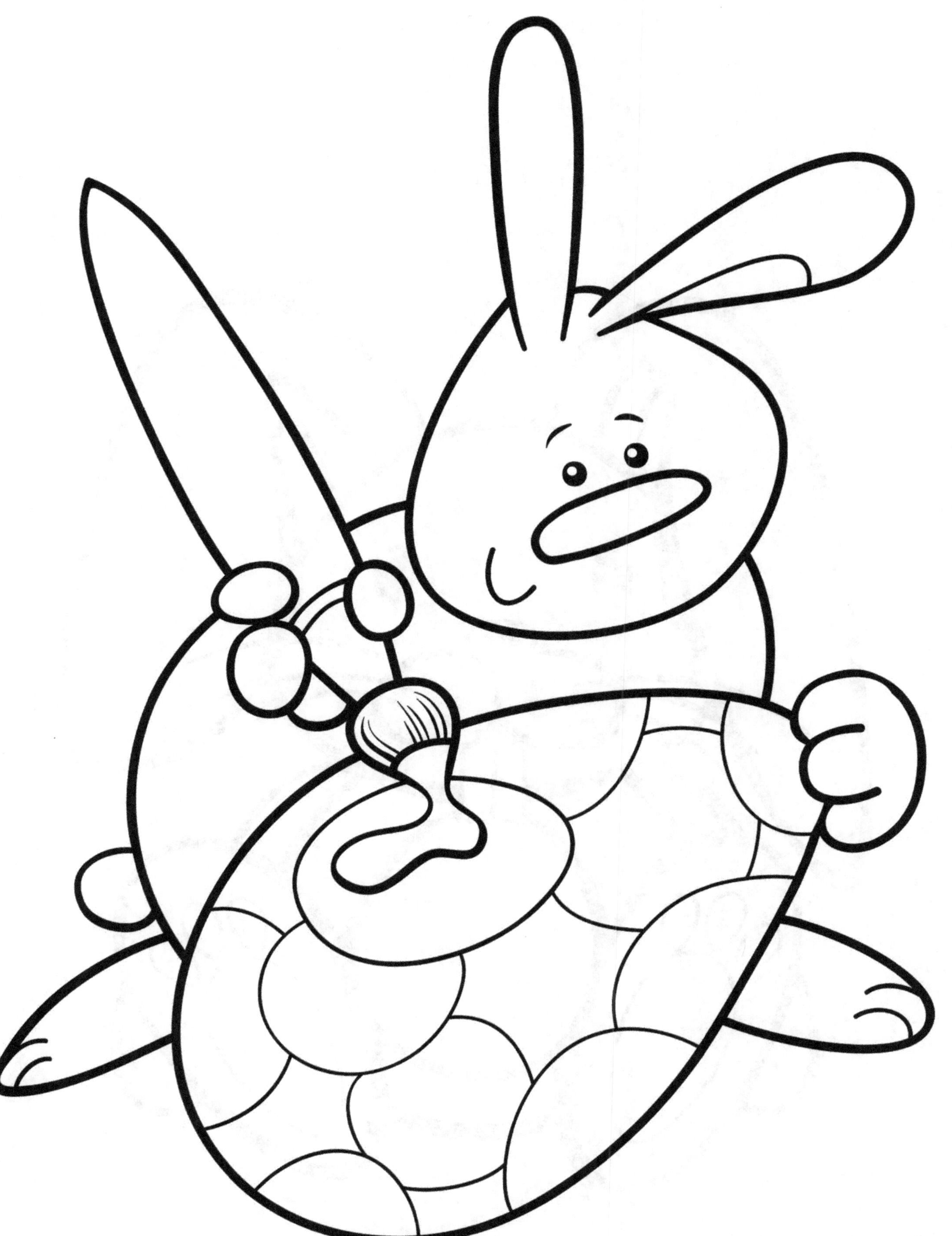

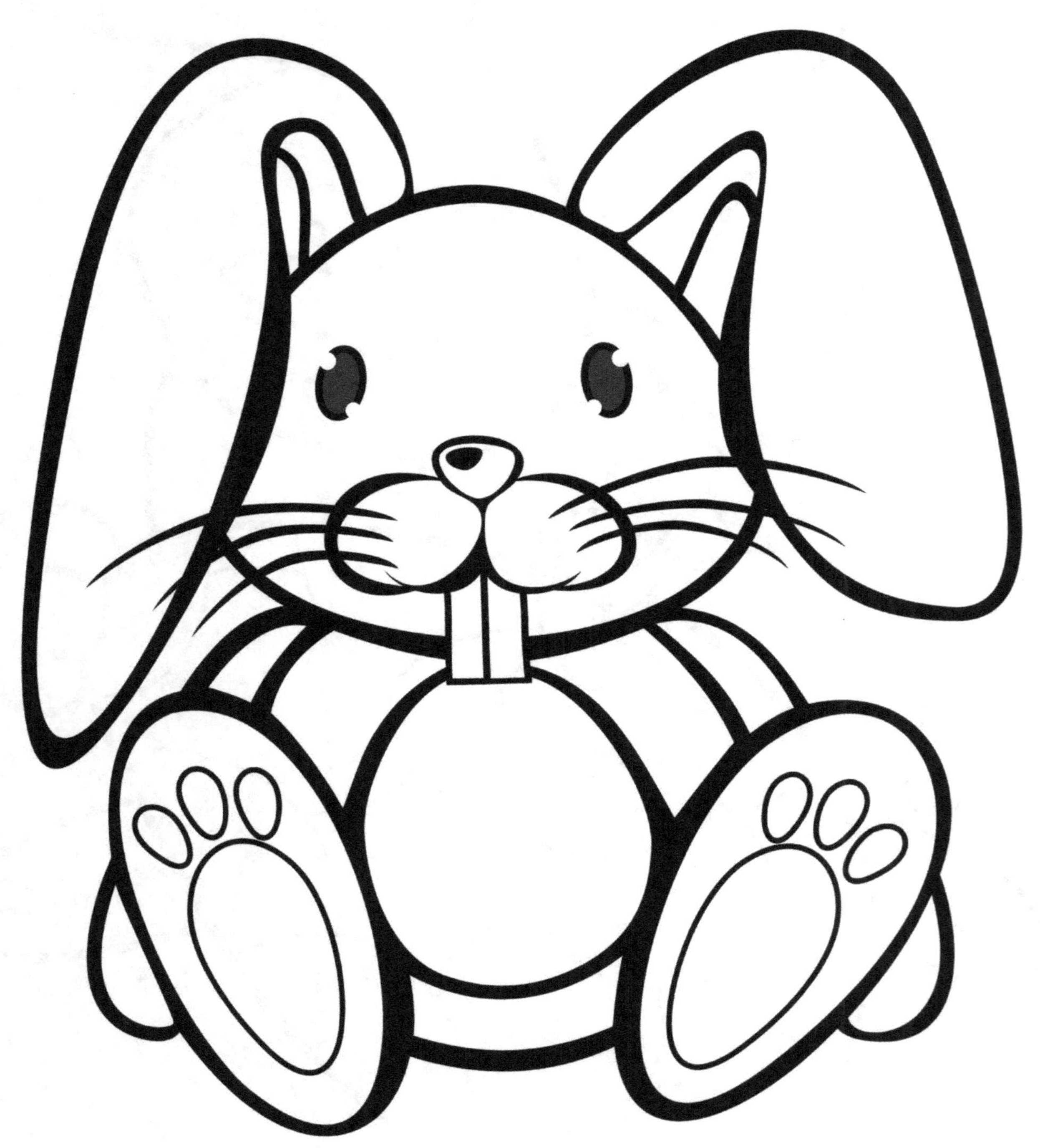

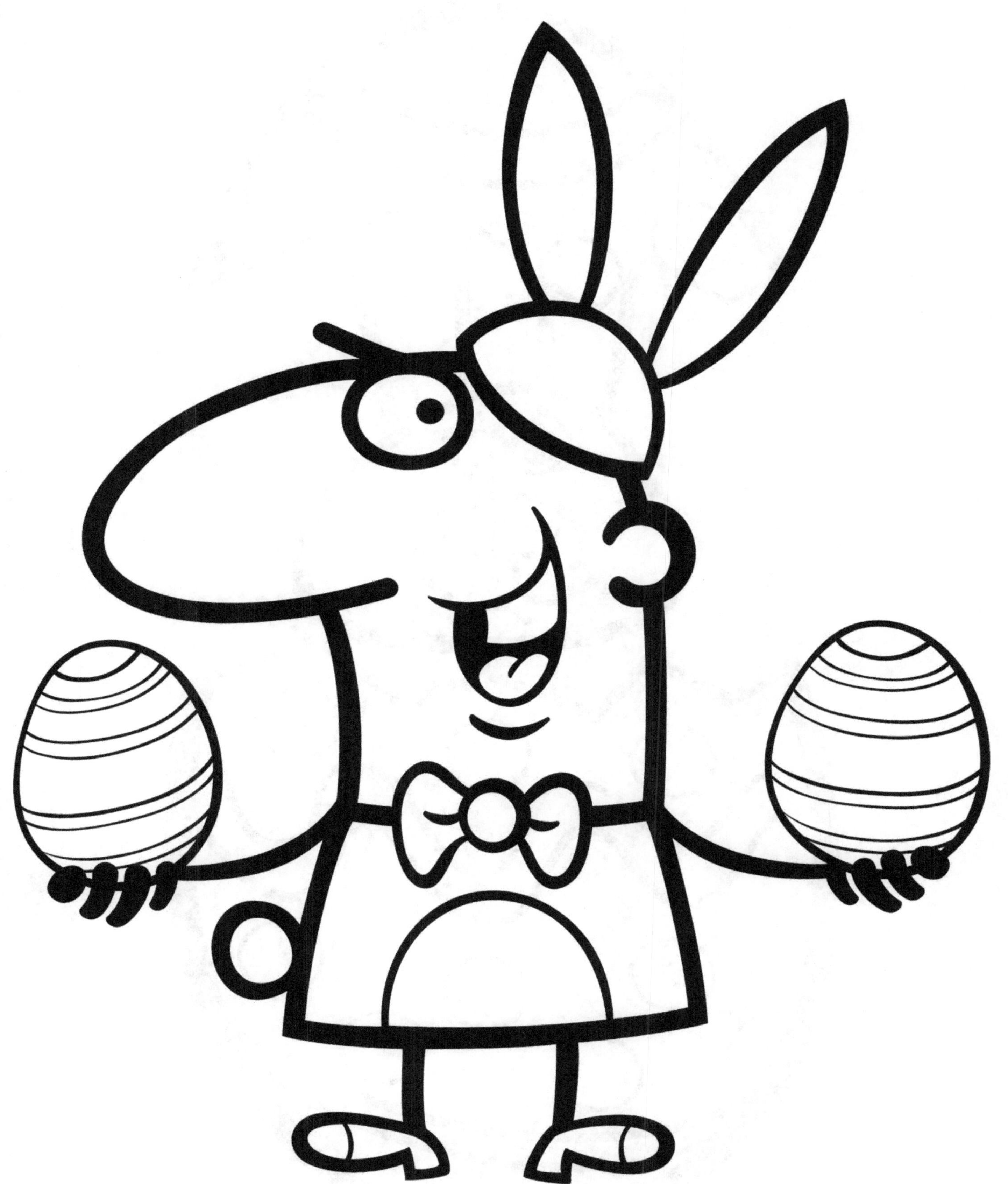

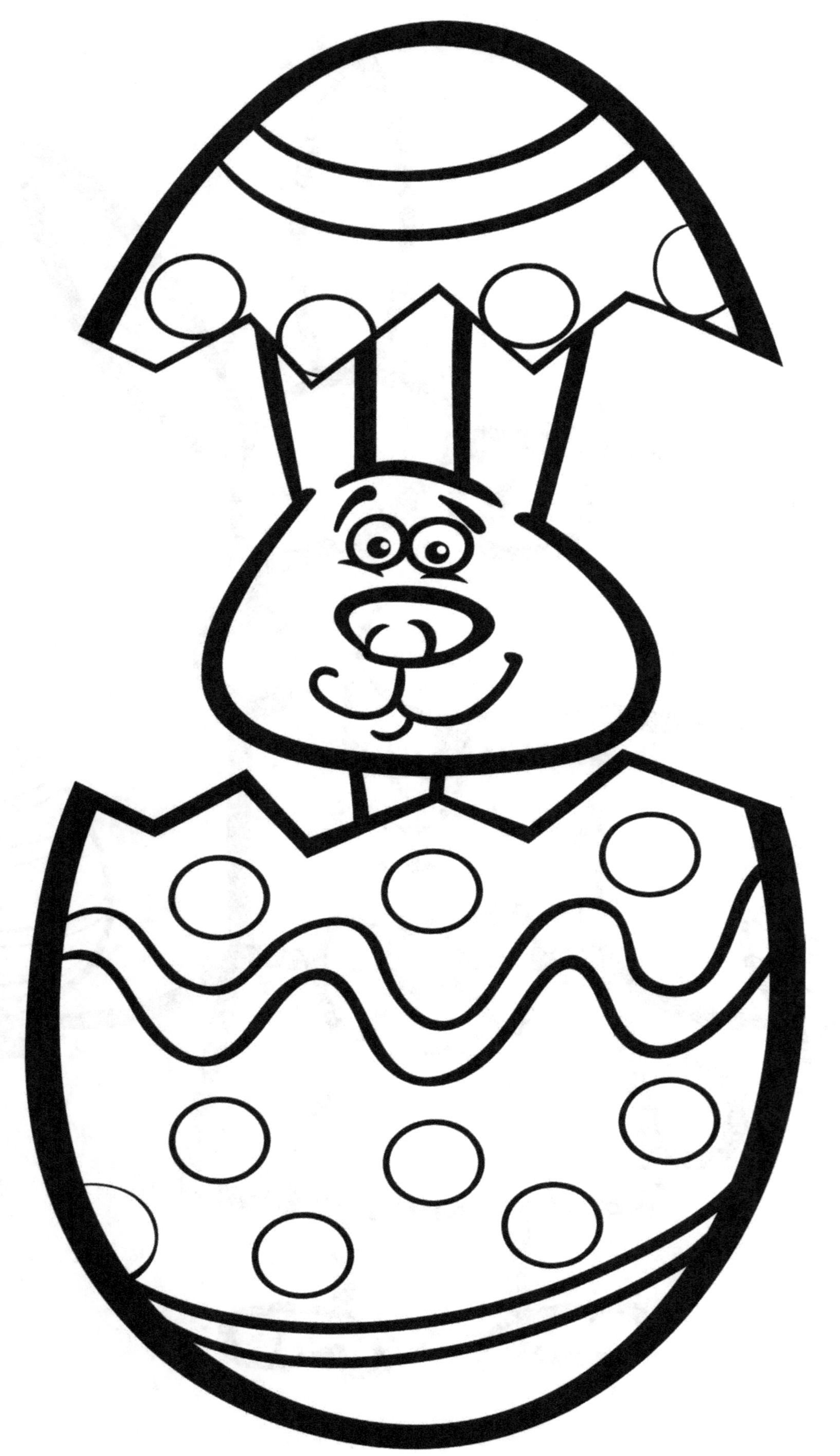

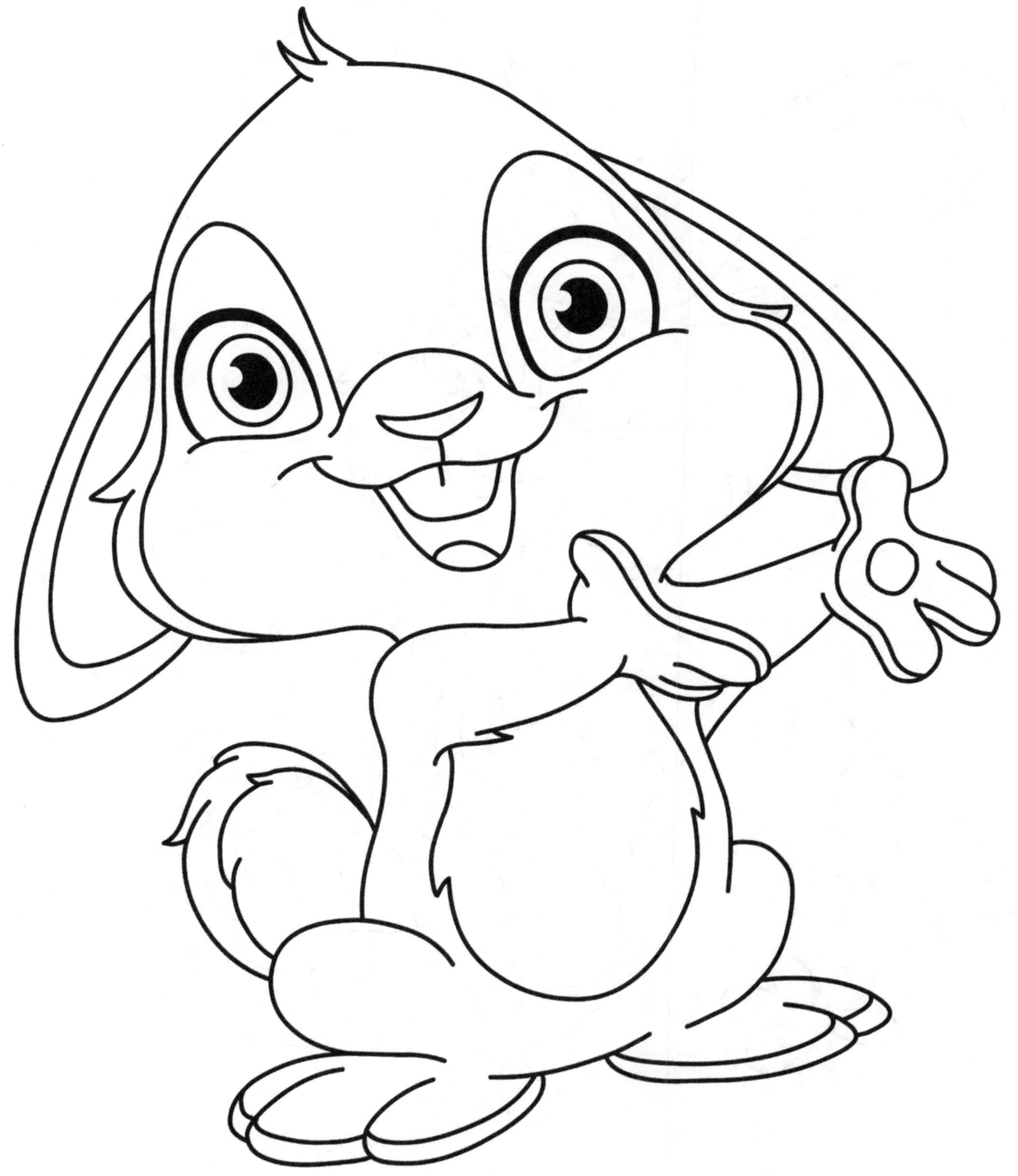

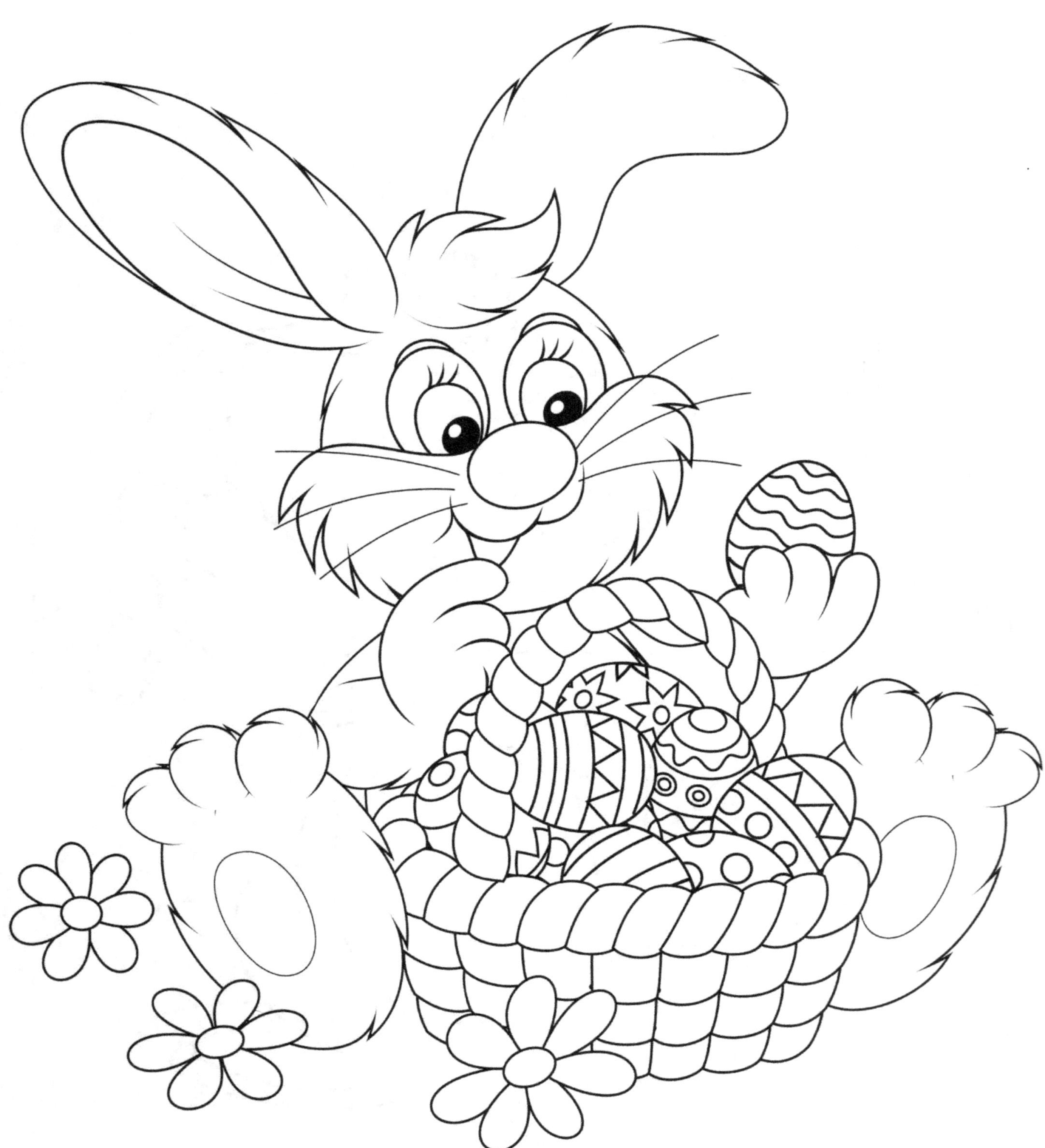

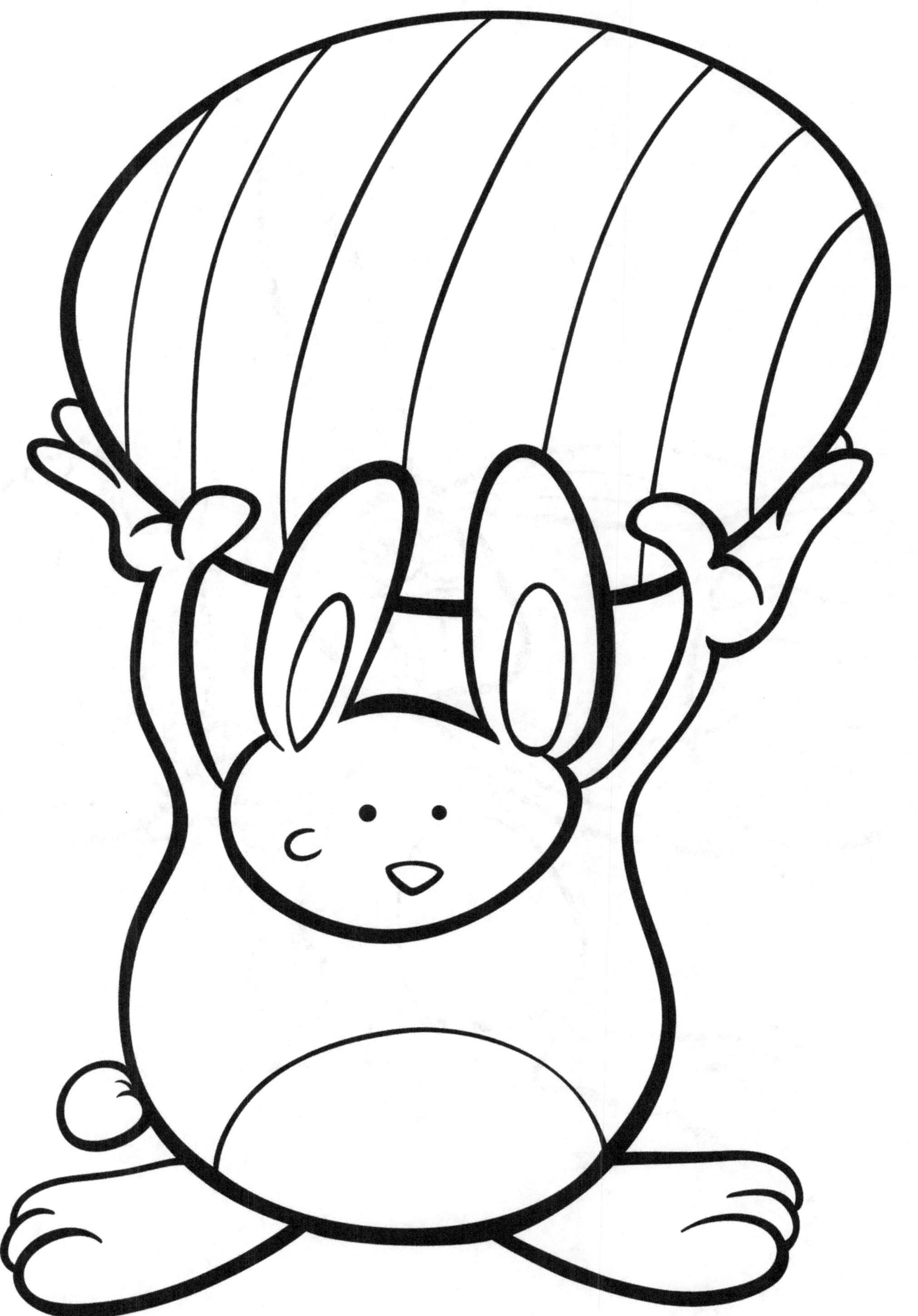

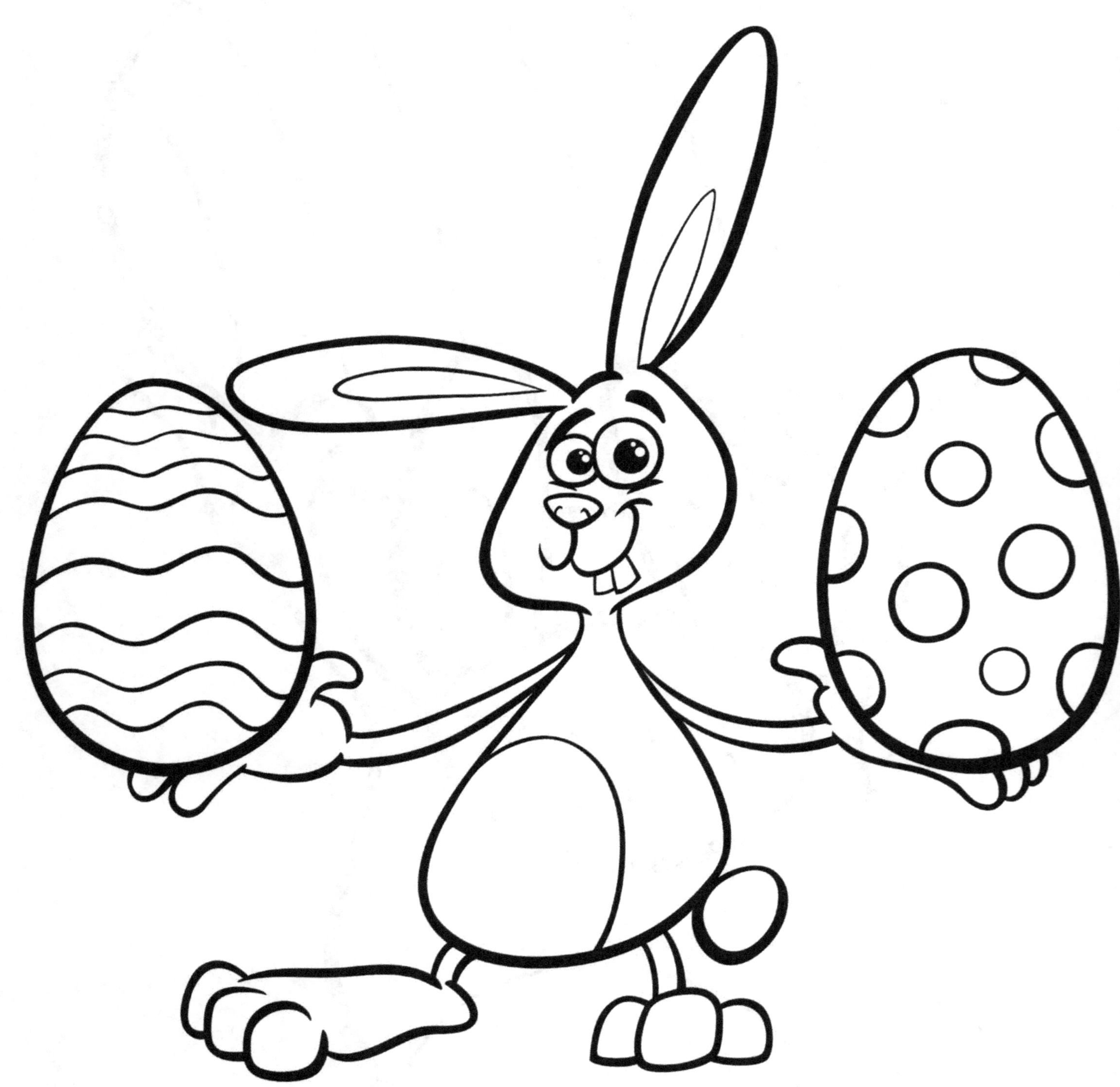

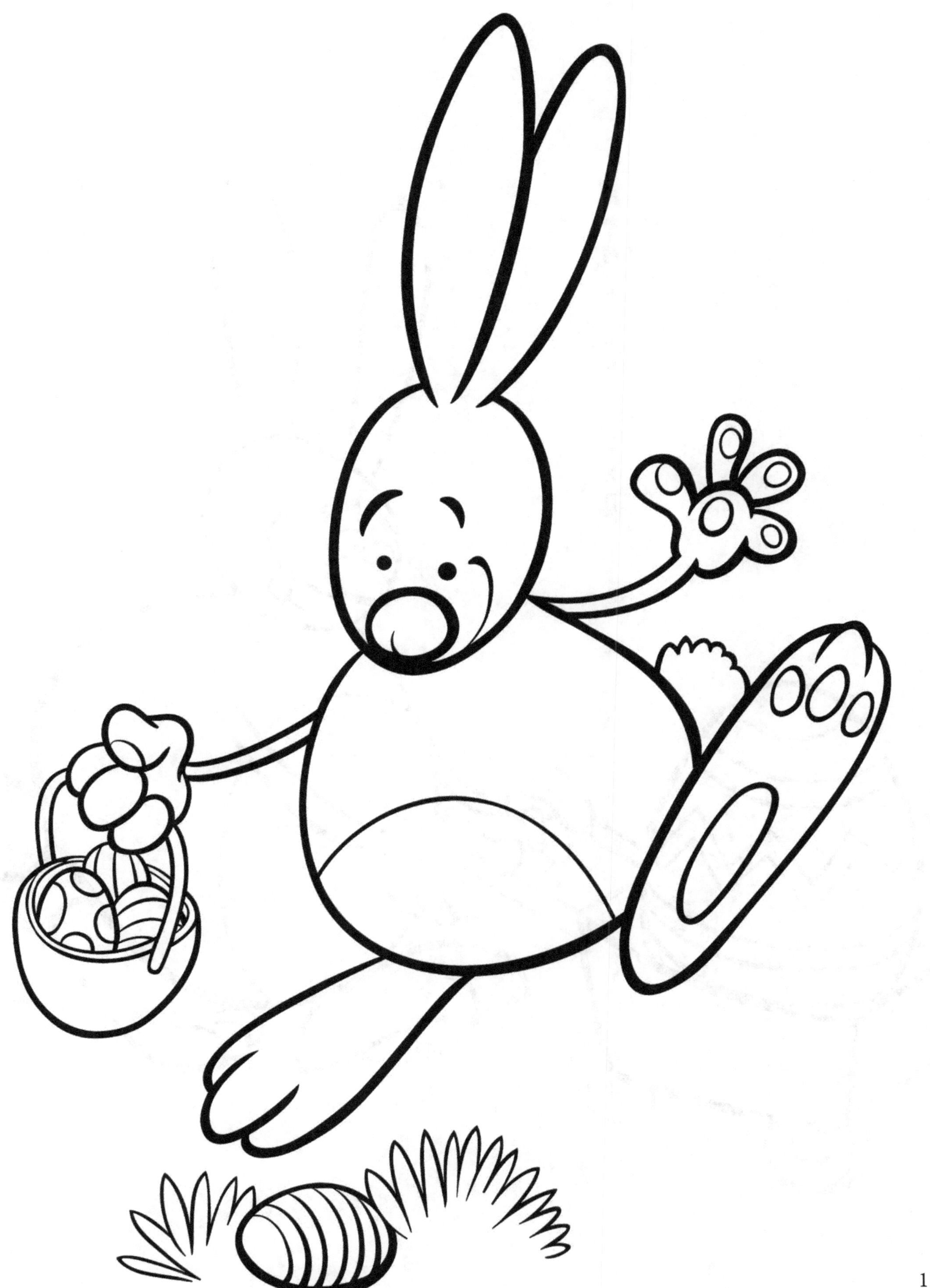

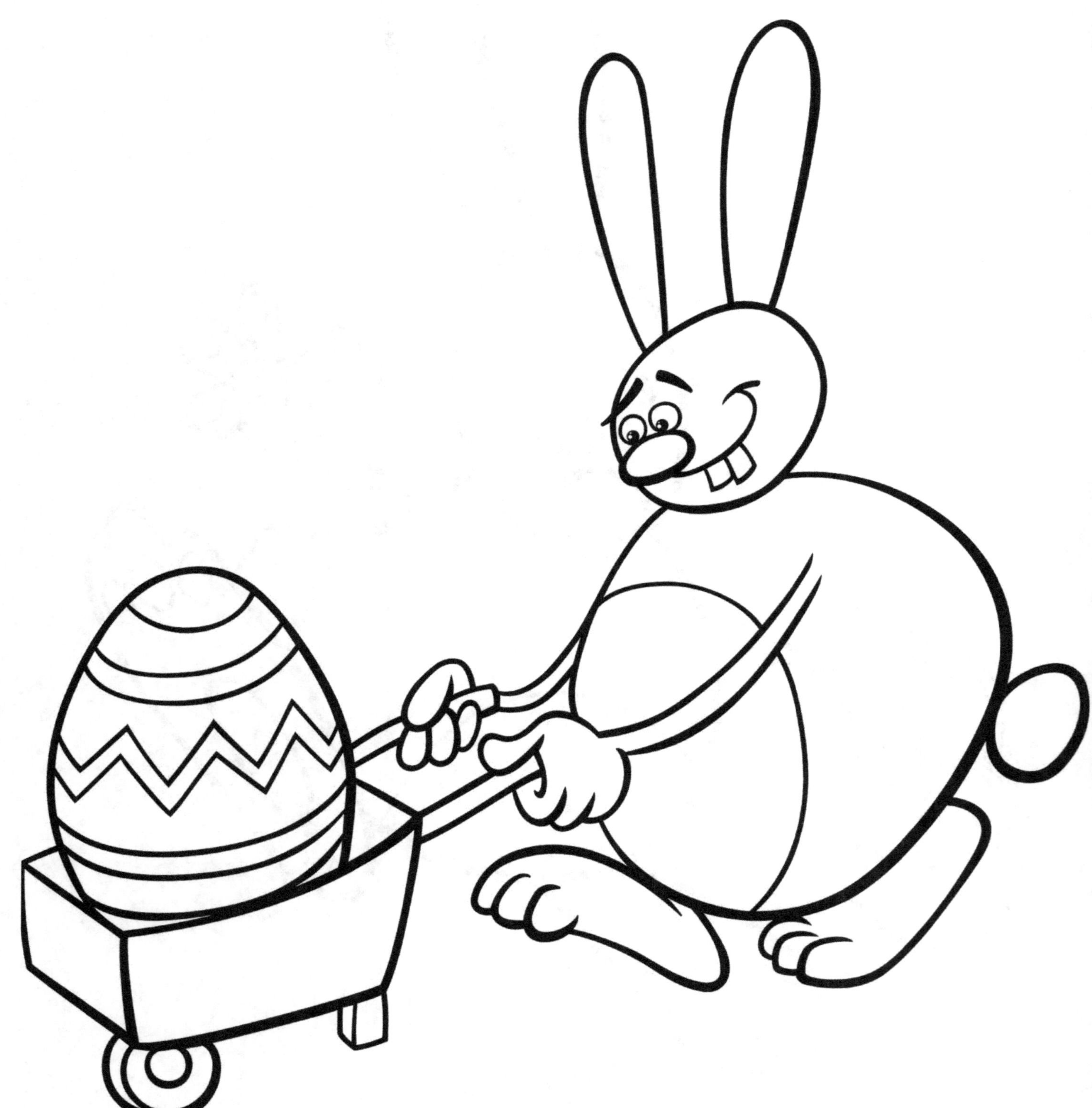

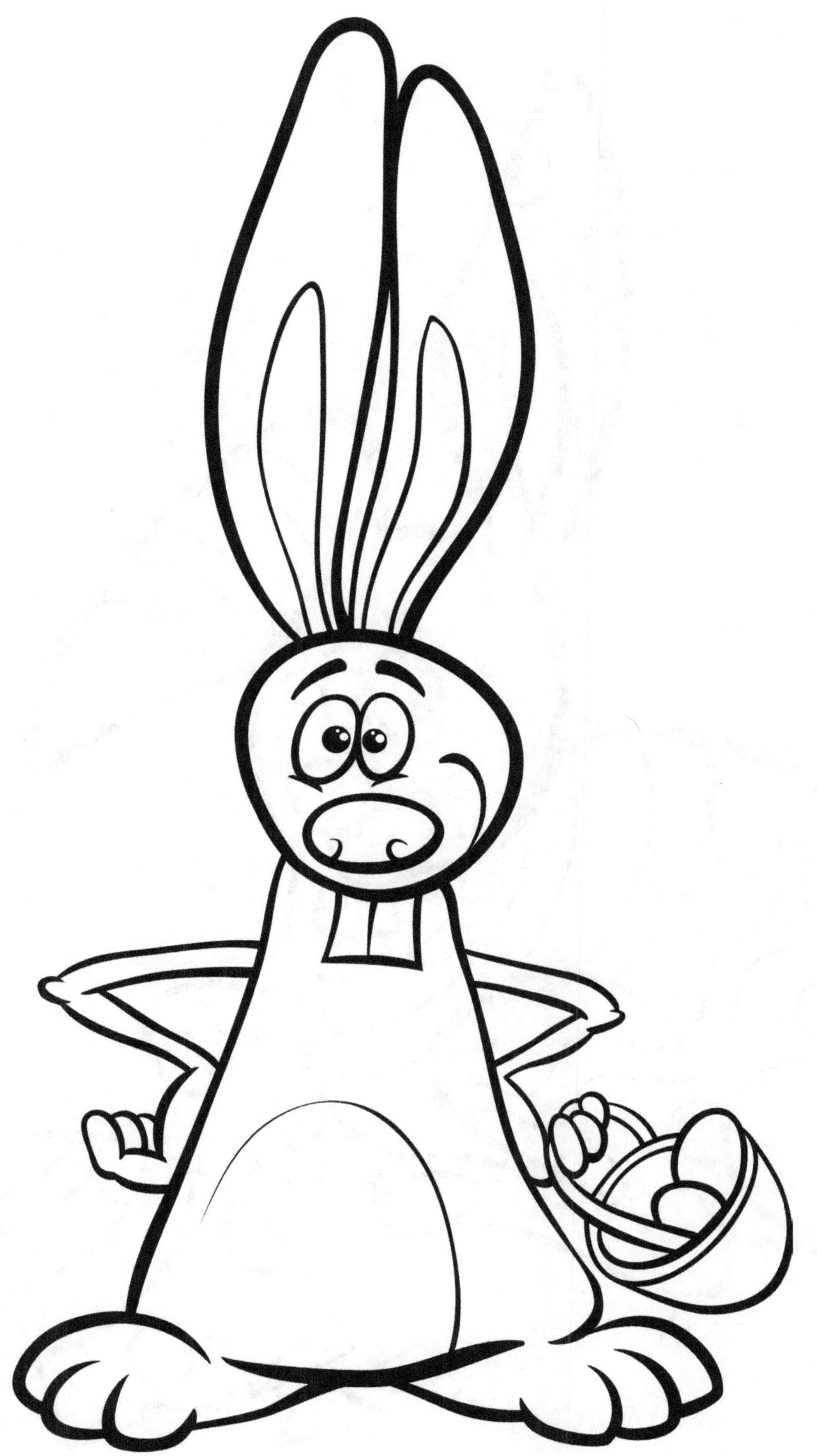

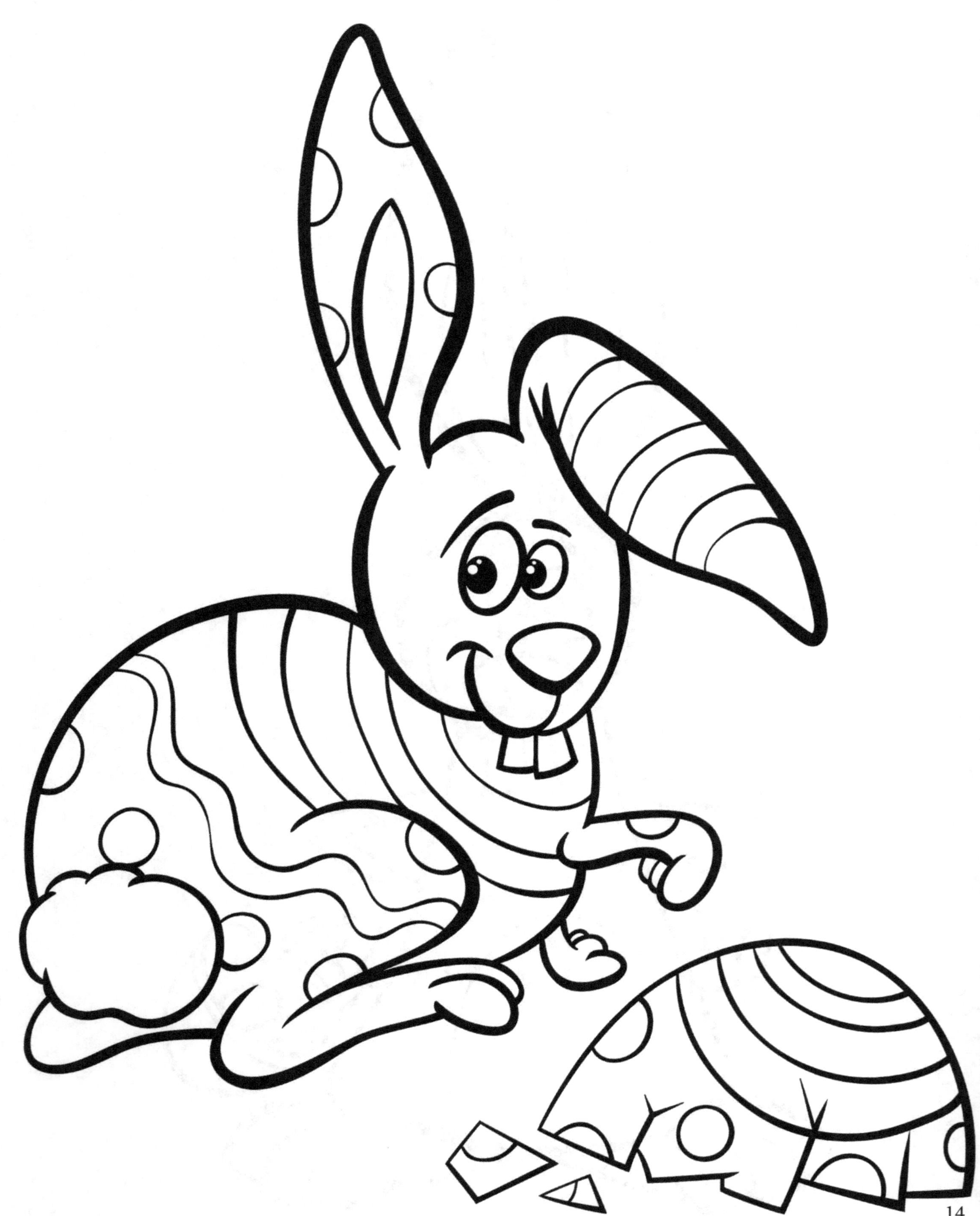

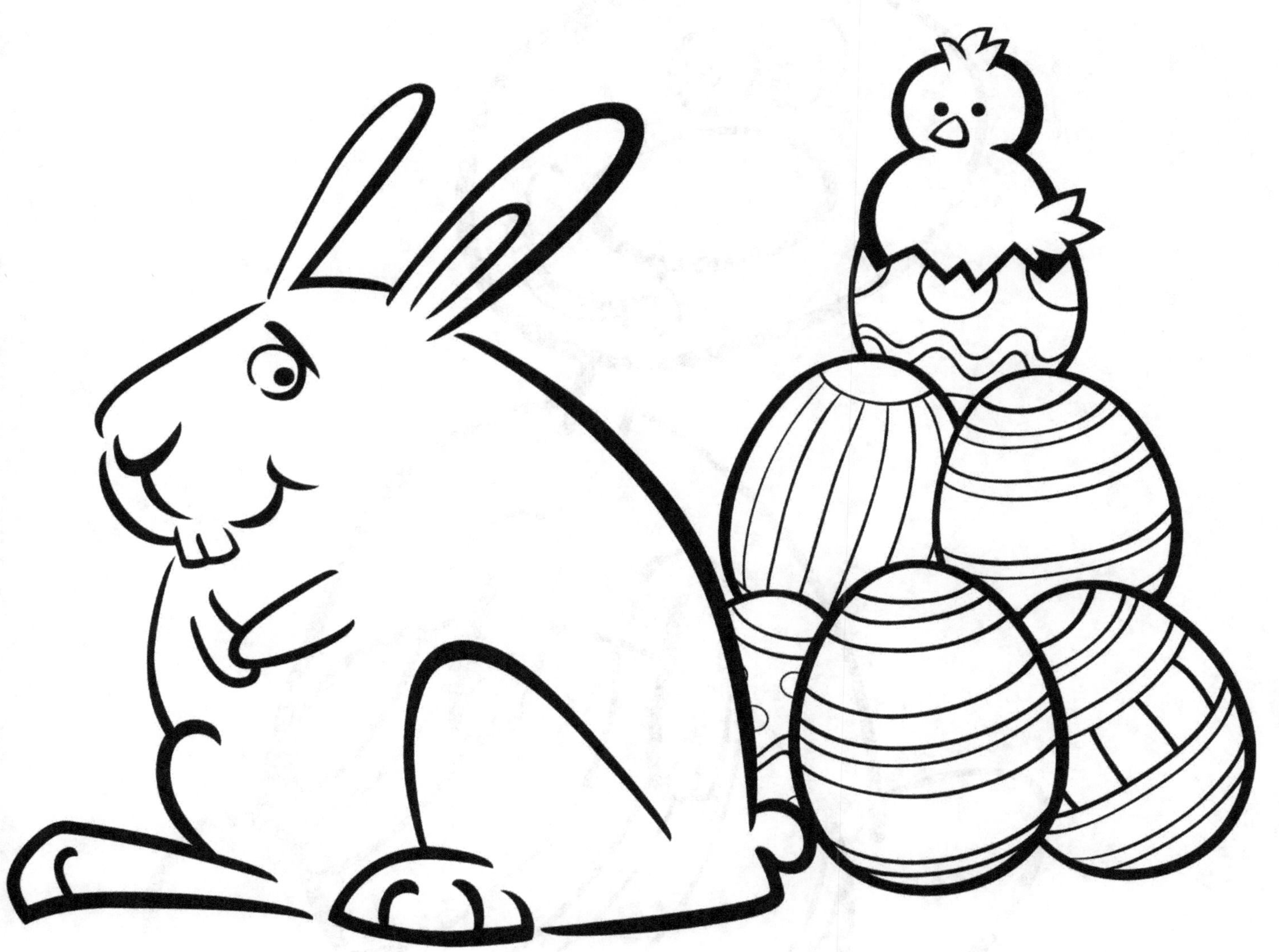

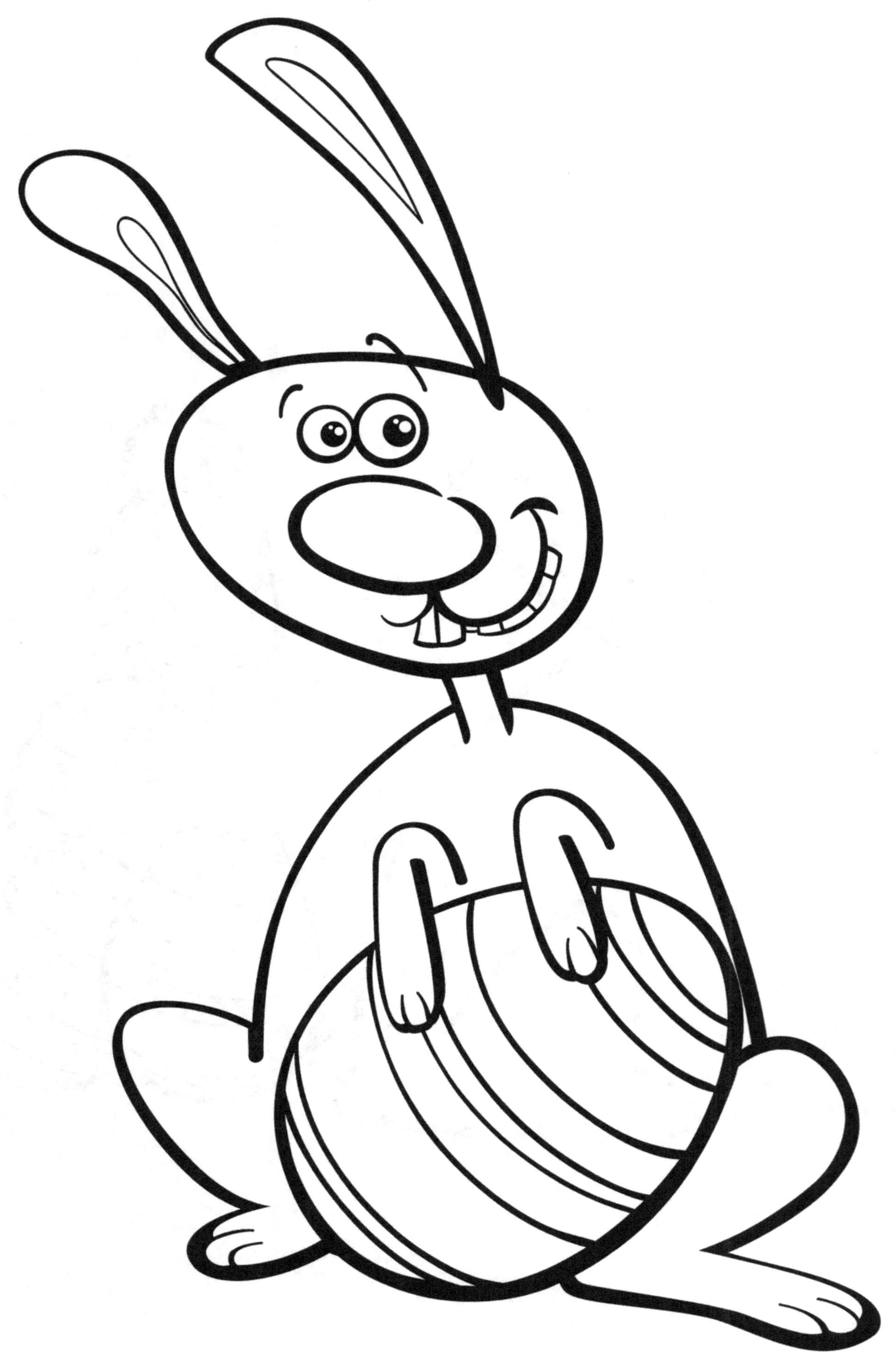

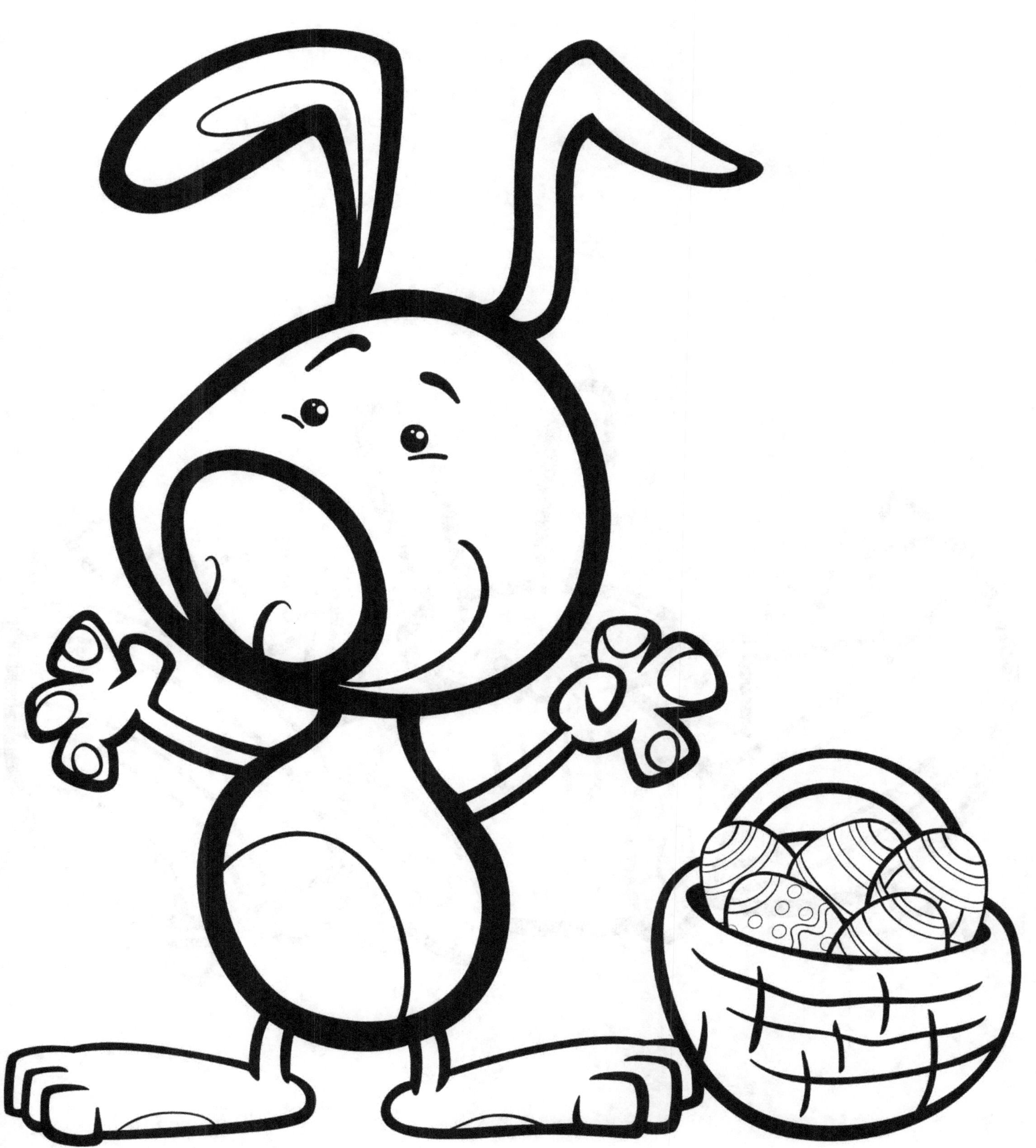

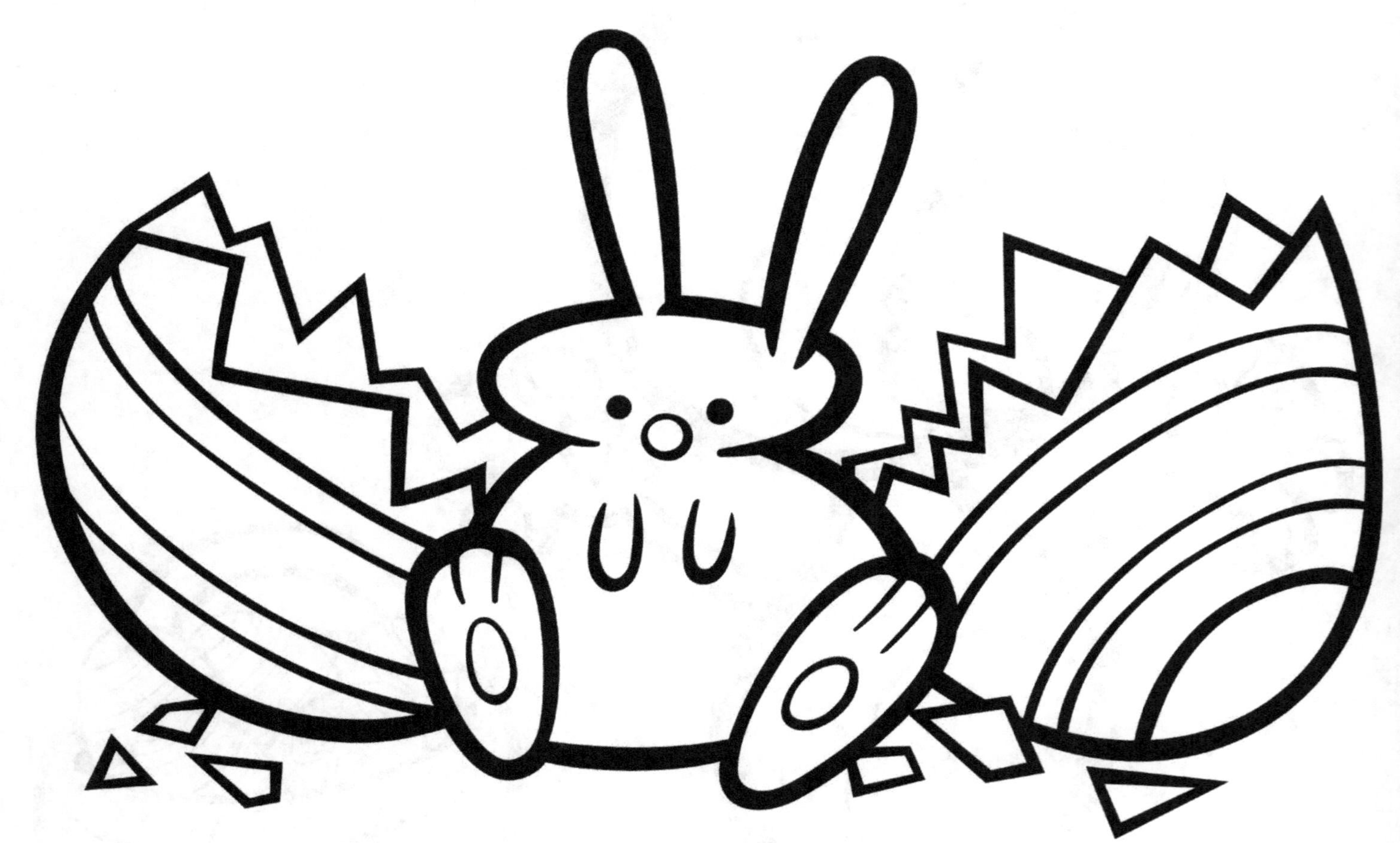

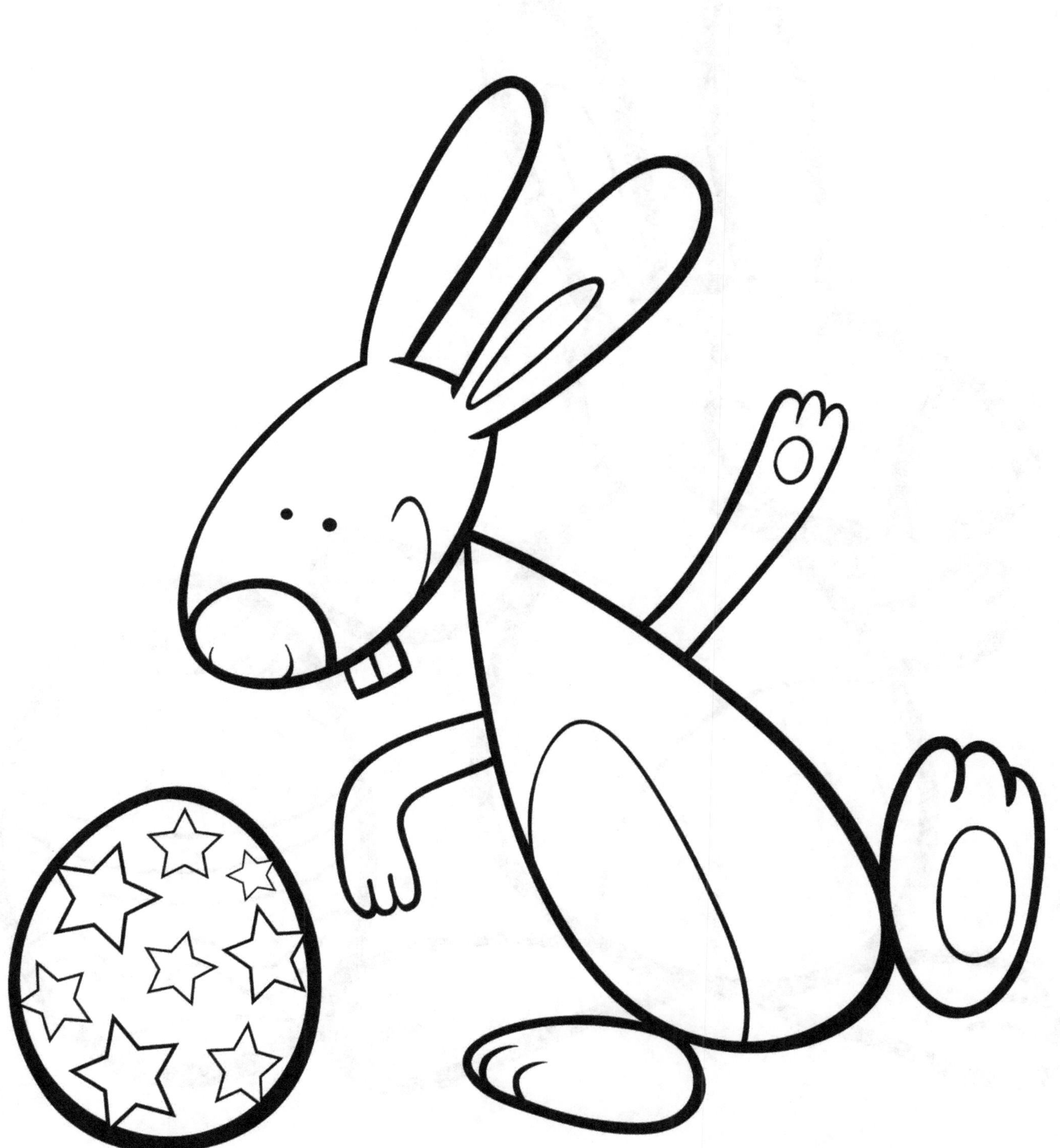

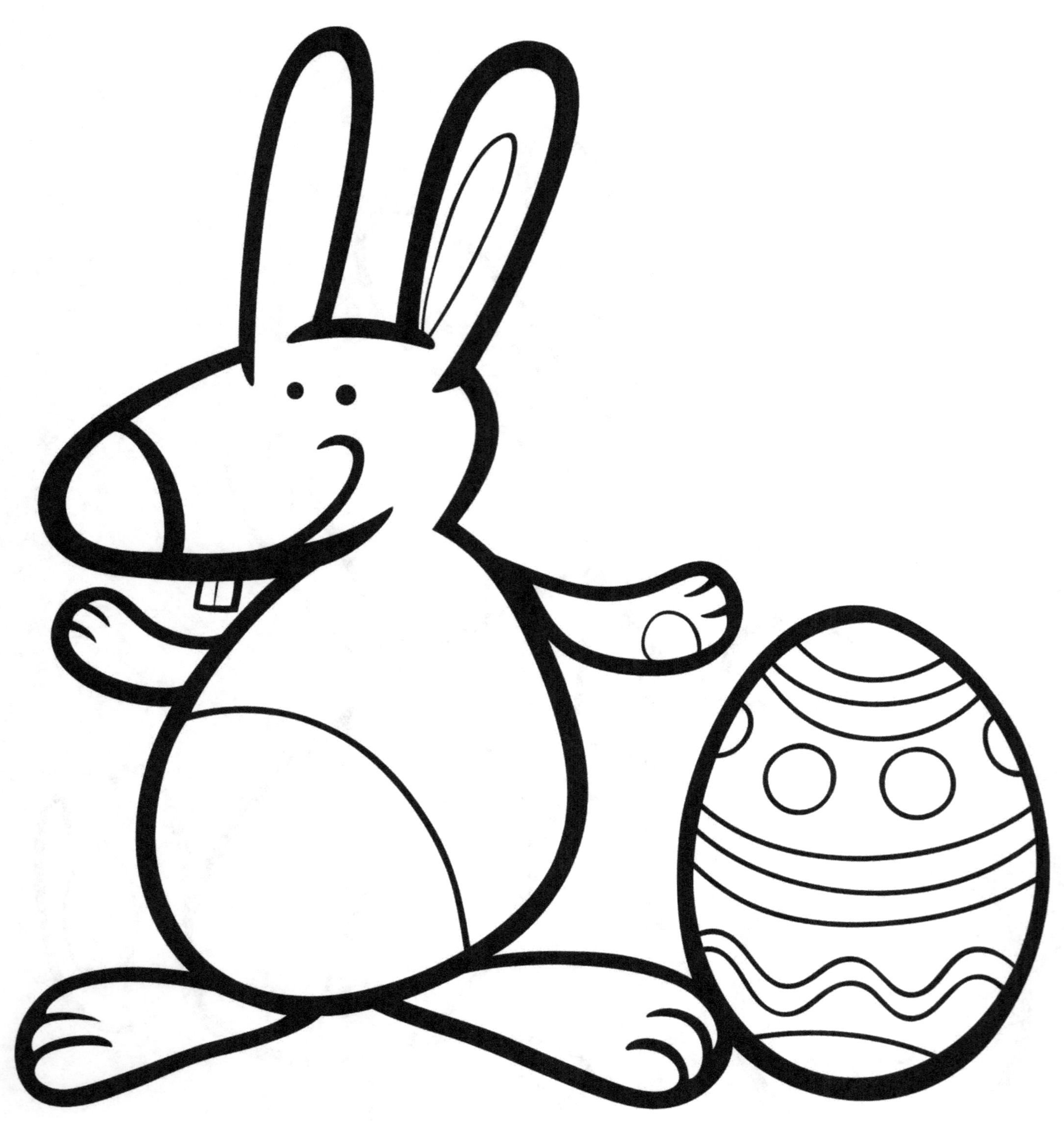

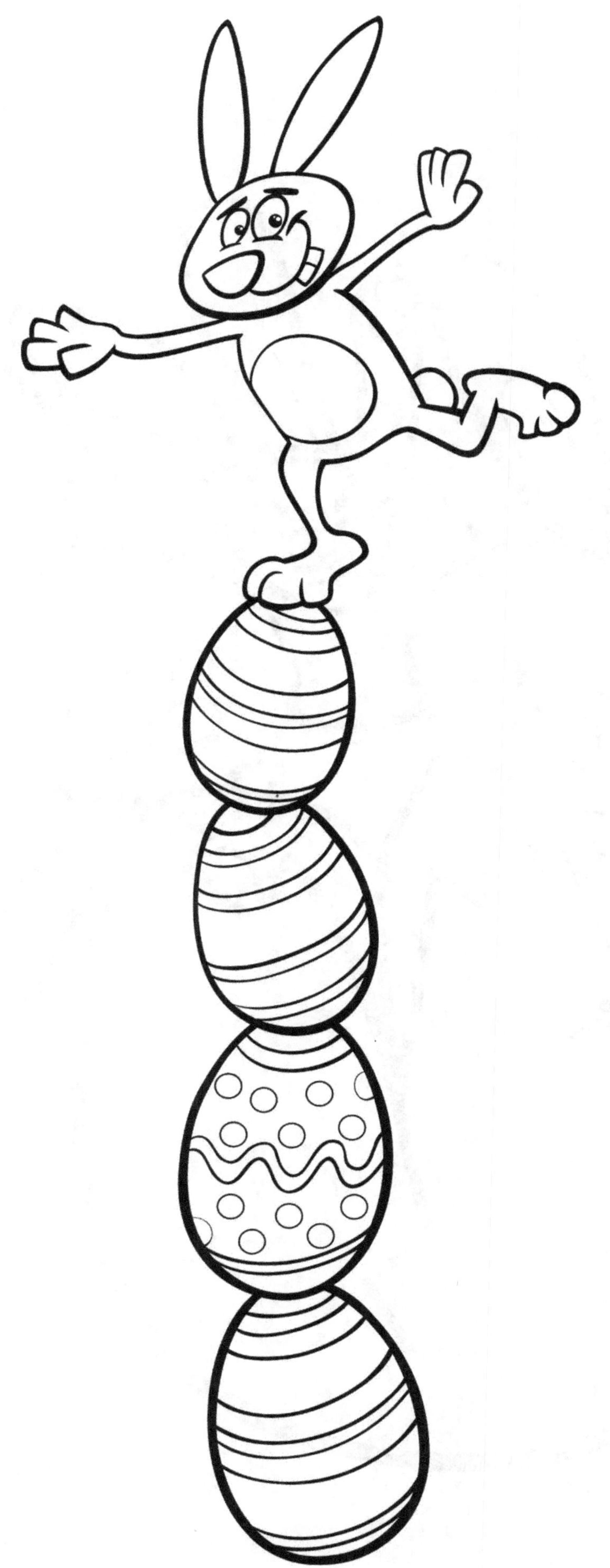

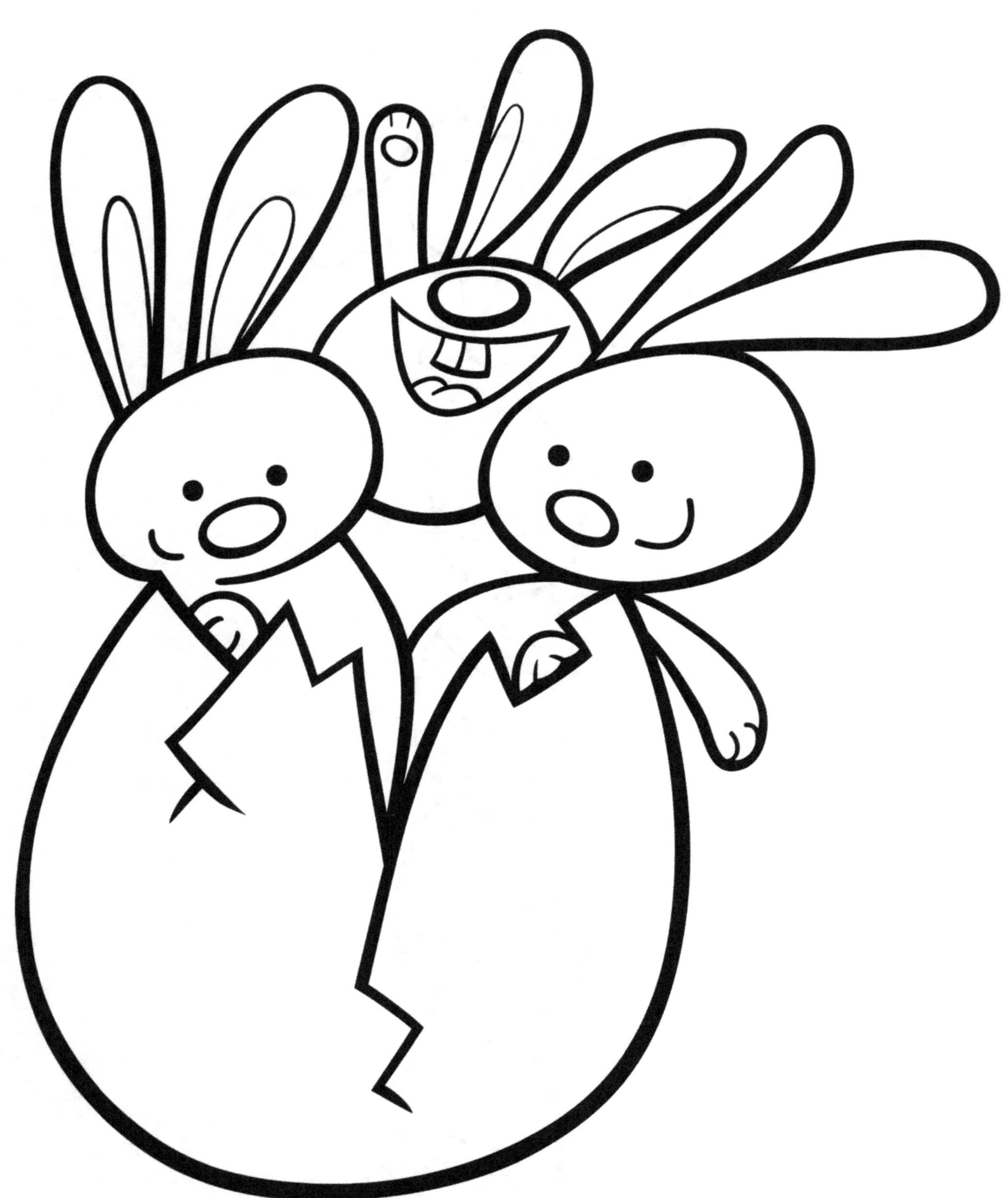

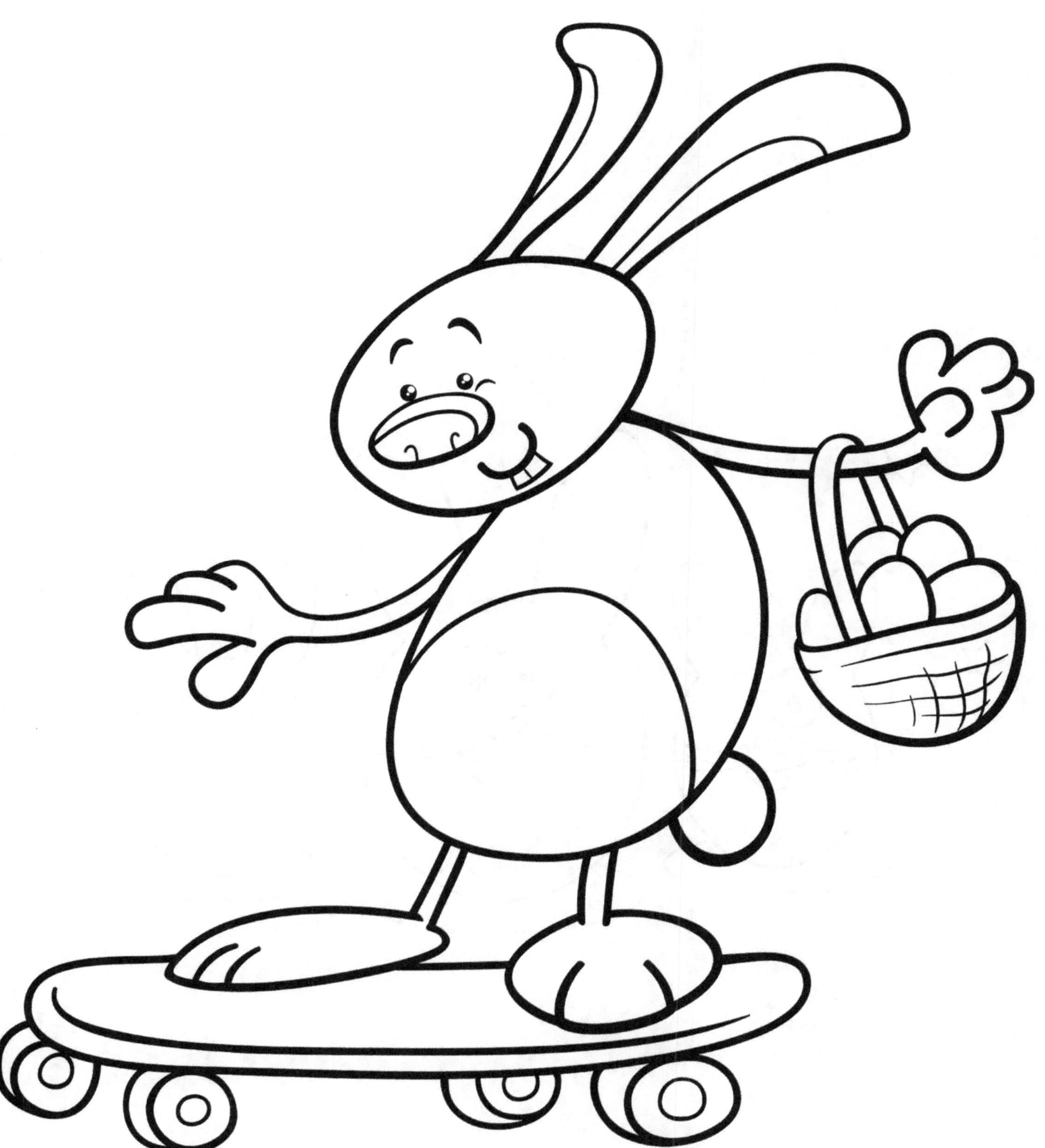

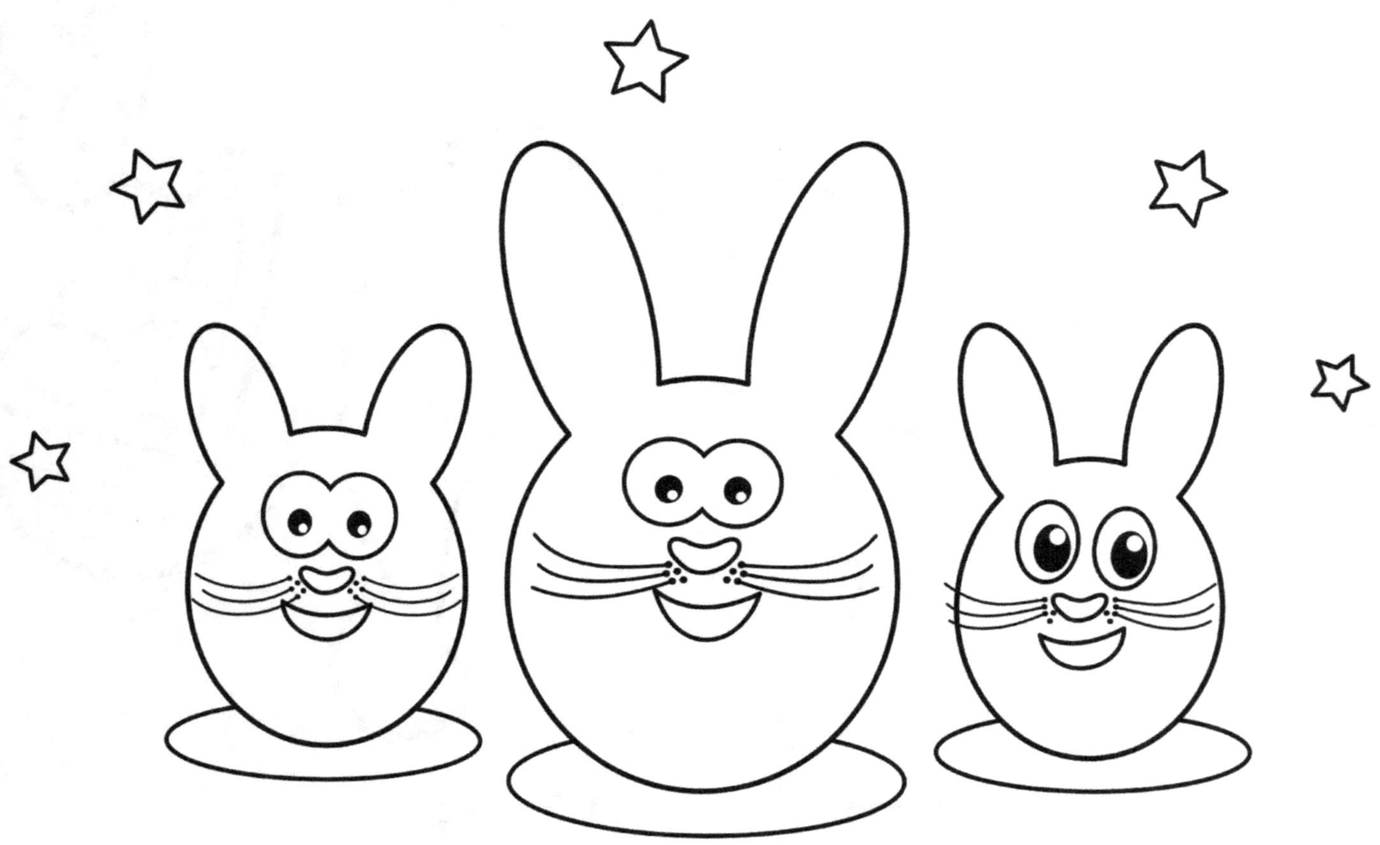

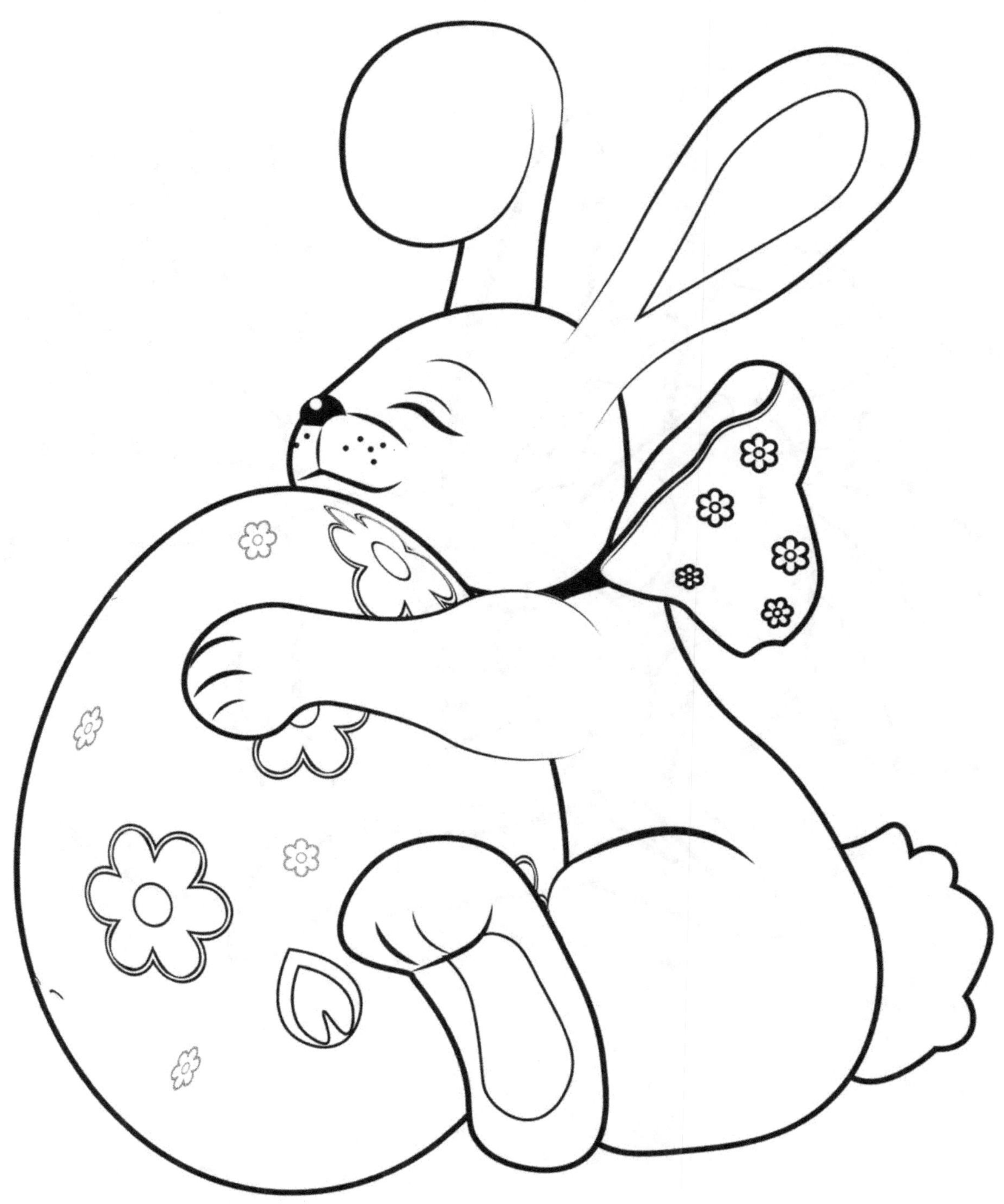

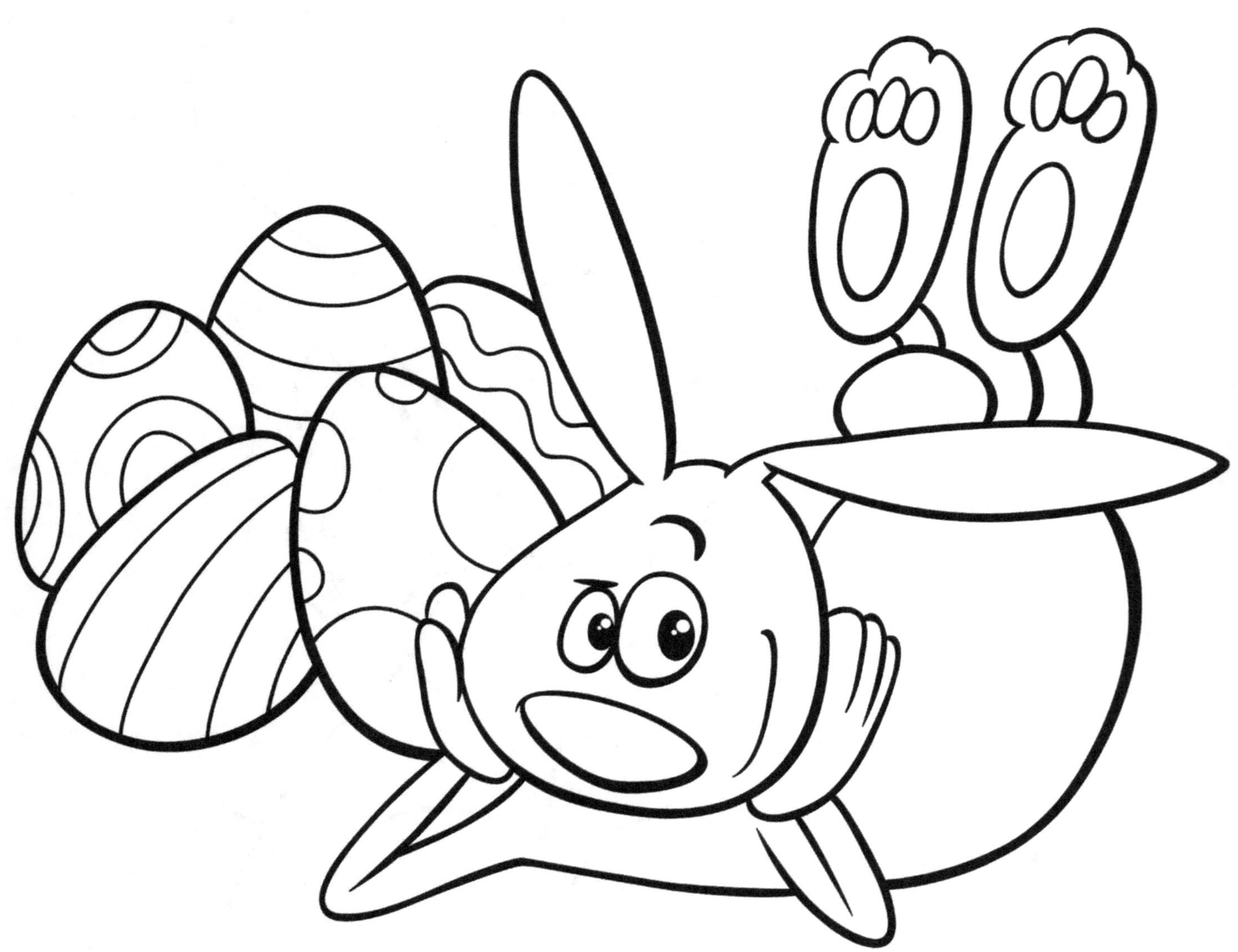

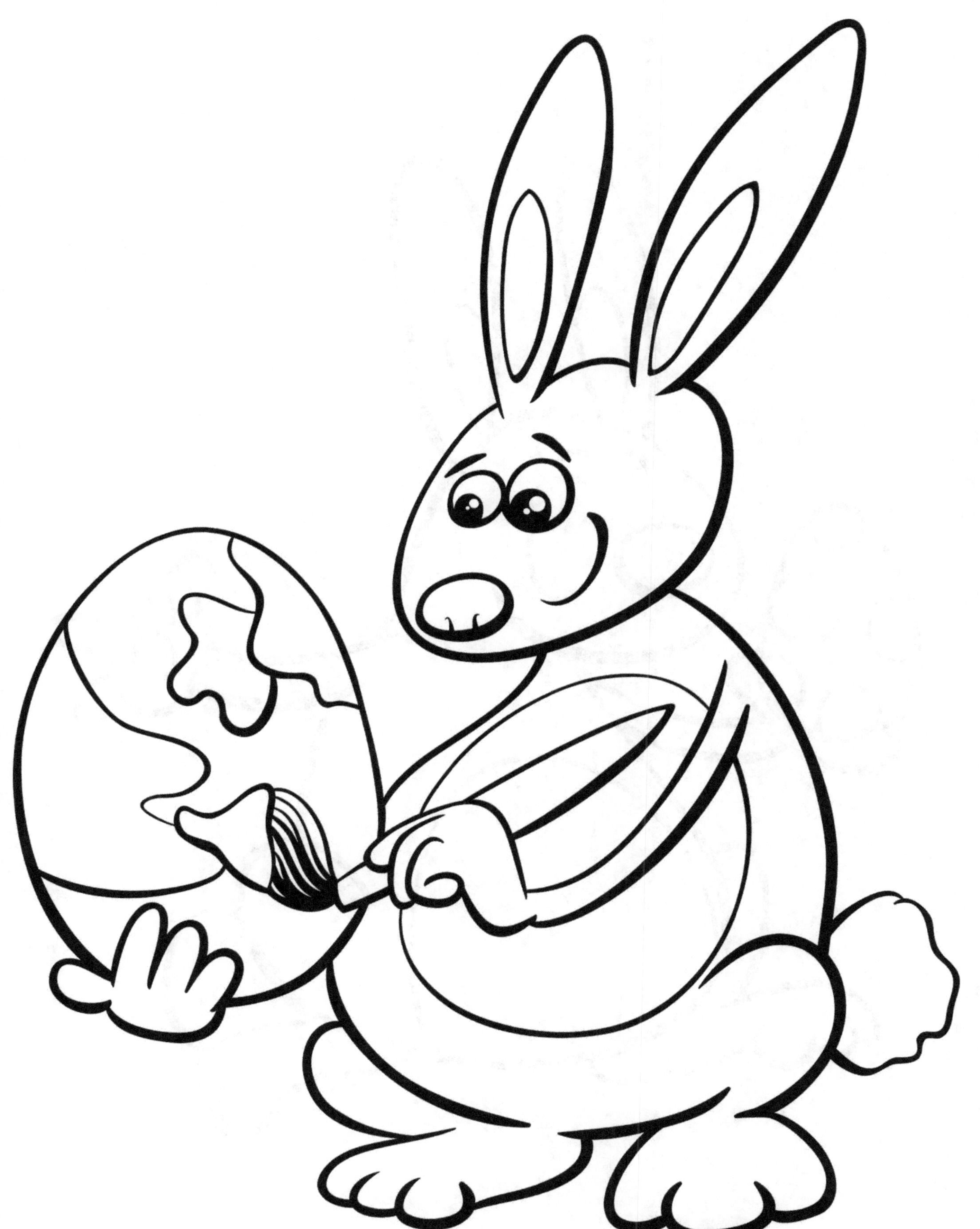

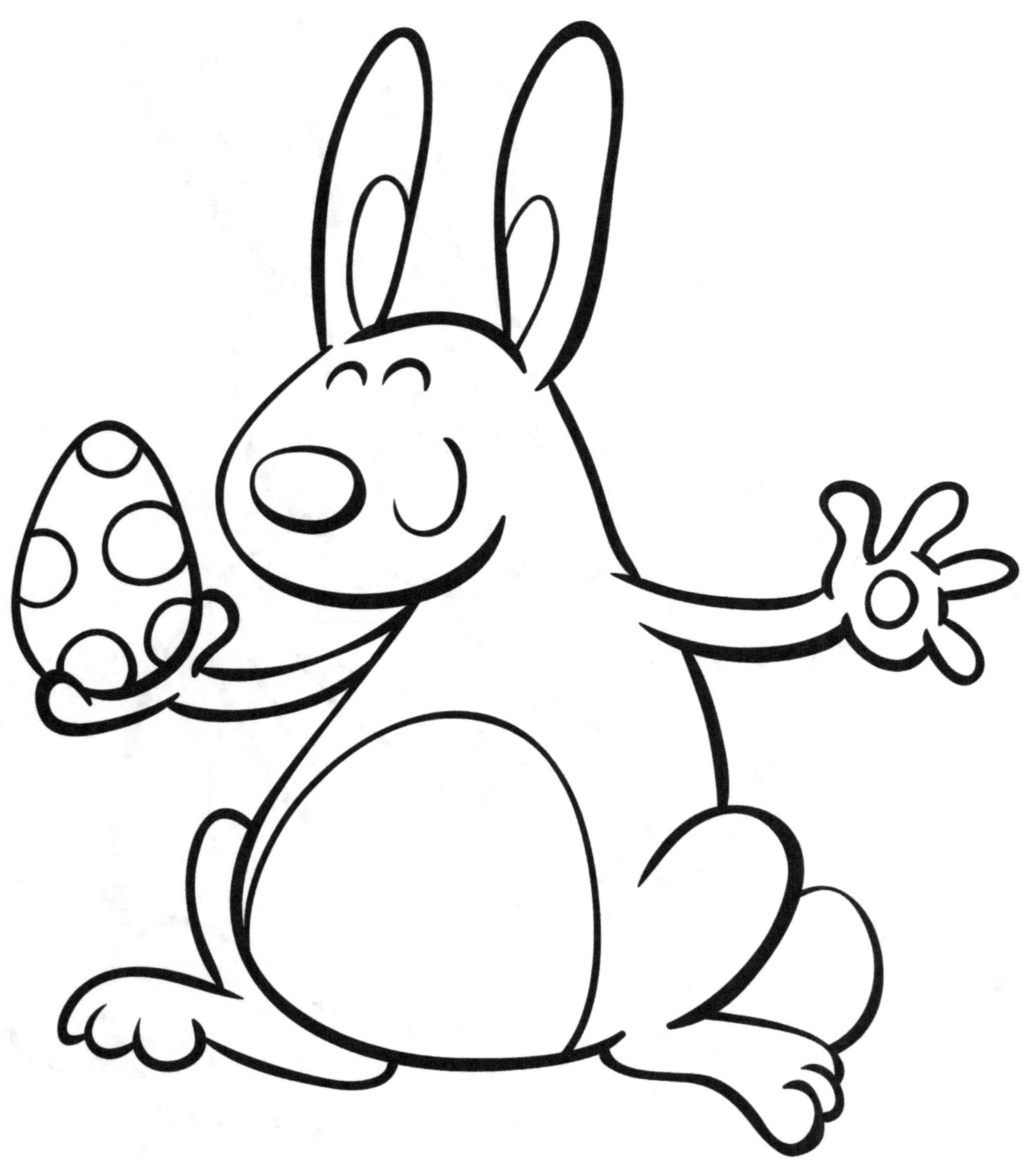

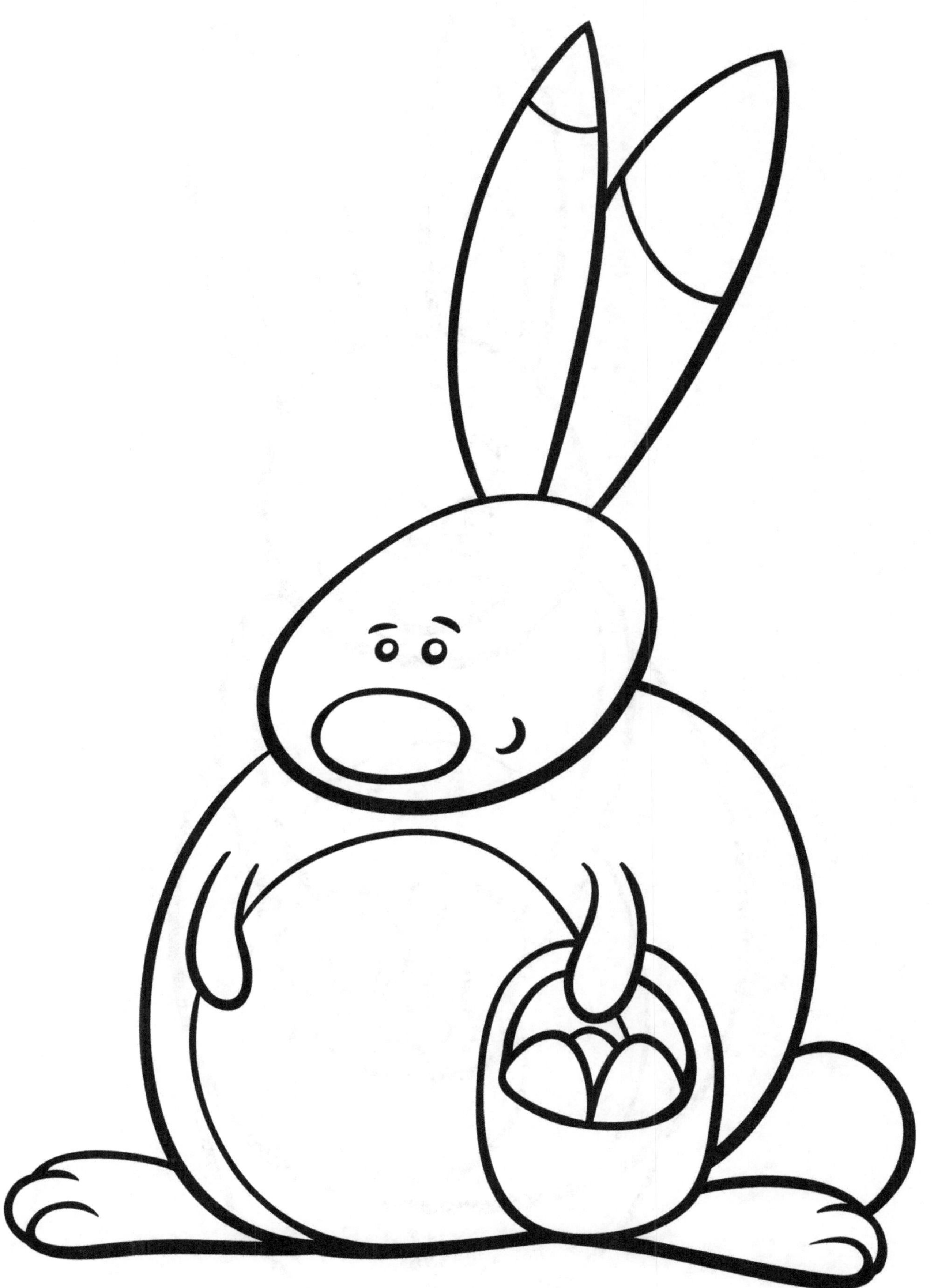

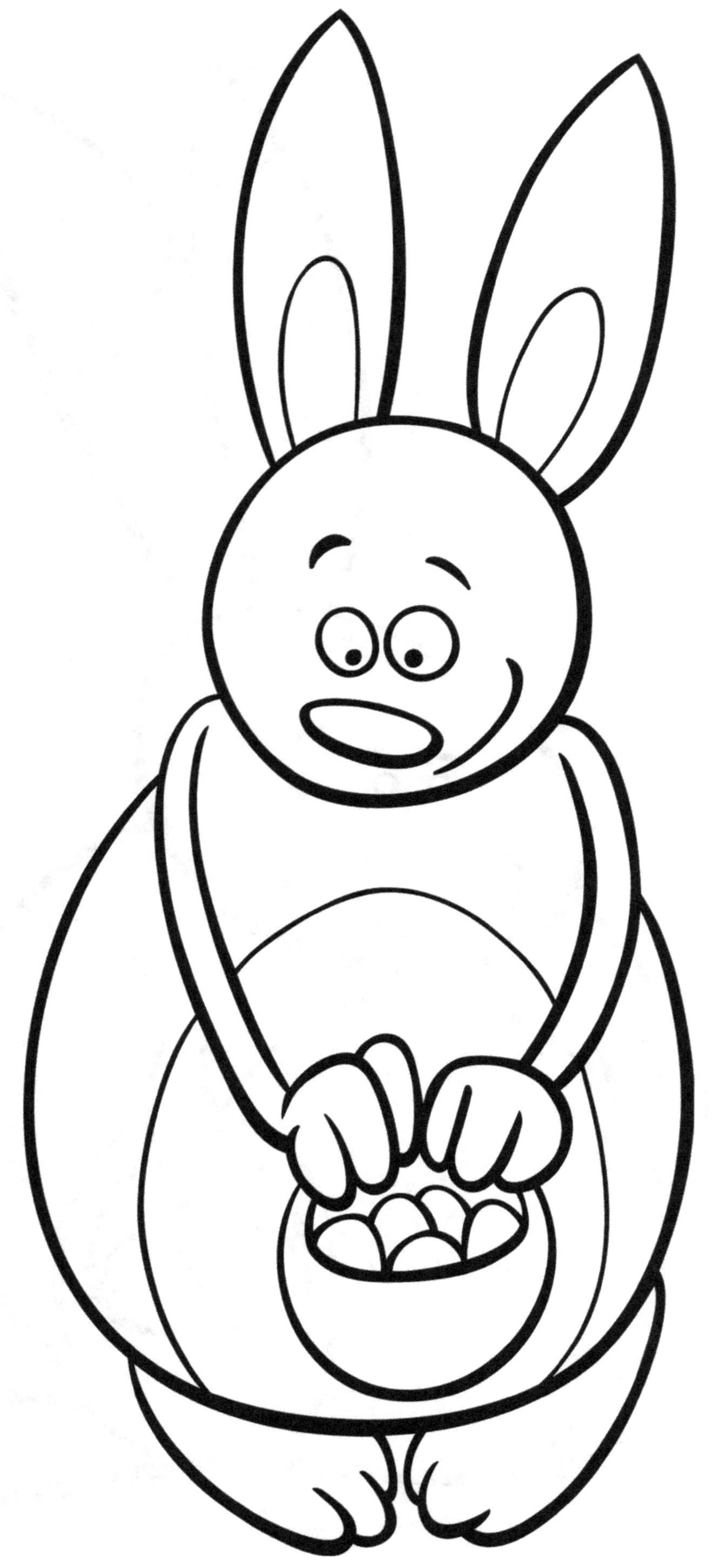

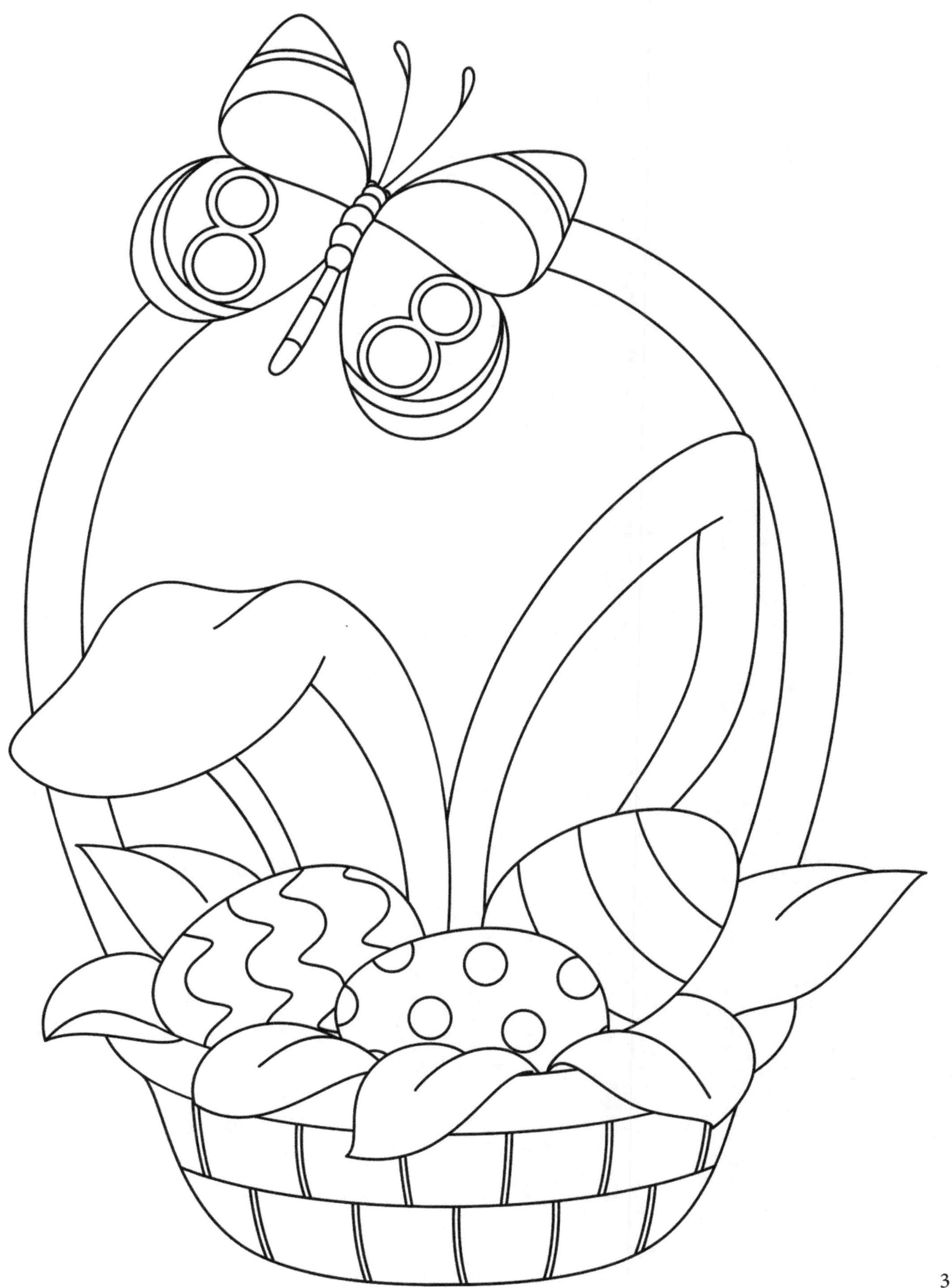